U0901539

FAMILY AND CHILDREN

家庭与孩子

教育始于孩子出生的那一刻

〔意〕玛利亚·蒙台梭利 等／著　　杨 铮／译

天津出版传媒集团
天津人民出版社

图书在版编目（CIP）数据

家庭与孩子：教育始于孩子出生的那一刻/(意）蒙台梭利著；杨铮译.—天津：天津人民出版社，2014.1

ISBN 978-7-201-08519-7

Ⅰ.①家… Ⅱ.①蒙… ②杨… Ⅲ.①早期教育－家庭教育 Ⅳ.①G78

中国版本图书馆CIP数据核字（2013）第297838号

天津出版传媒集团

天津人民出版社出版、发行

出版人：黄沛

（天津市西康路35号 邮政编码：300051）

网址：http://www.tjrmcbs.com

电子邮箱：tjrmcbs@126.com

北京金秋豪印刷有限公司

2014年1月第1版 2014年1月第1次印刷

710×1000毫米 16开本 11印张 字数：220千字

定 价：29.50元

目录

儿童是什么

孩子打从出生那一刻起，就开始受到成人的压制，可怕的是，人们竟对此毫无察觉。即使像我们这样有着所谓先进文明的开化社会，儿童与成人之间的对立关系，也因为复杂的社会礼教、对孩子的行为采取强制约束和刻意限制孩子的自我发展而更趋恶化。

为了与其他新近开发的现代教育形式有所区别，我们采用了以我的名字——蒙台梭利来命名的教学法，旨在从孩子身上发现一些以前未曾为人们观察到的精神特质。事实上，呈现在我们眼前的仍是一个潜能有待发掘的孩子。

由于有了上述认识，为了进一步了解孩子，并采取措施来保护与认可他们的权利，于是我们毅然采取了直接的教育拯救行动。我们之所以疾呼要保护儿童的权益，主要因为孩子是在强权统治下的弱势群体，他们不但不被了解，就连必要的需求也常常无法得到成人社会的认可。大量的例子一再显示出，孩子的处境实在是极其恶劣。

蒙台梭利学校是一个能够让孩子静心成长的地方。孩子被压抑的心灵可以在这儿获得释放，表达真正的自我。他们所表现出来的学习态度和行为方式，也与眼下一般所推崇的儿童教育理念有所不同。它使我们不得不反省过去在教育上所犯的严重错误，将教育的重心转移到人类最微妙最敏感的儿童身上。

孩子在我们面前展露出来的，是他们尚未被探查到的心智。孩子的一些行为活动倾向，也是许多心理学者和教育学家从未探究过的。举例来说，孩子对一些我们认为他们应该会喜欢的东西——比如玩具，并不太感兴趣，他们对童话故事也是兴趣索然。相反，孩子们总是想挣脱大人的控制，希望每一件事都能自己动手。除非是真的需要帮忙，不然孩子们表现出很明显的倾向是不想让大人插手。孩子们是那样安静、专注地投入到他们的工作中，那种专心、平静的神情真是令人惊讶！

孩子们从内心自然流露出的这种自发性，过去显然是因为大人们的居高临下及不适当的介入与干扰，而受到长期的压抑。成人以为自己所做的每件

事情都可以比孩子好，于是就把成人的那一套行为模式强加于孩子身上，要求孩子接受大人的控制，迫使孩子屈服、放弃自己的意愿和创意。

成人习惯于用自以为是的方法来解释孩子的行为，用自认为正确的方式来对待孩子，这不仅造成学校教育的偏差和整个教育体制的误导，更导致社会采取了一连串完全错误的行动。这些教育上的失误，已引发了社会与道德上新的反思。长久以来，儿童和成人之间的关系，一直处在一种相互对立的冲突状态，现在这种对立状态更是面临着考验。儿童与成人之间的关系正在发生改变，而且这种情势更有逆转之势，它迫使我们必须采取教育改革的行动，这一行动不光是针对教育学者，更是针对所有成人，特别是为人父母者。

蒙台梭利教学法在世界各地乃至文化习俗各异的国家，都引起了极大反响。现在几乎在世界各地都设有蒙台梭利学校。蒙台梭利教学法在各地所受到的重视，也从另一方面证明了儿童和成人之间的冲突关系是一个遍及全球的现象。孩子打从出生那一刻起，就开始受到成人的压制，可怕的是，人们竟对此毫无察觉。即使像我们这样有着所谓先进文明的开化社会，儿童与成人之间的对立关系，也因为复杂的社会礼教、对孩子的行为采取强制约束和刻意限制孩子的自我发展而更趋恶化。

一个在由大人控制的环境下长大的孩子，他的许多需求是没有办法得到满足的。孩子的必要需求不单单只是身体上的，更重要还有心理上的。他们的心理需求能否得到满足，是影响孩子日后智能和道德精神发展的重要因素。孩子被力量比他强大得多的大人压制着，他不但不能依照自己的意愿行事，还要被迫去适应一个对他不利的生活环境，而且这一切都源于大人总是天真地以为这样做是在帮助孩子学会在社会上生活。几乎每一种所谓的教学活动，都不约而同地采取了命令式的，甚至可以说暴力式的方法，以此来强迫孩子适应大人的生活世界。这种方法的基本点是，要求孩子必须完全、毫无异议地服从大人的指示。这种方式等于否定了孩子作为一个独立个体的存在，这对孩子来说是绝对不公平的。孩子因此而受到的身心伤害和打击，更是没有任何一个成人能够忍受的。

成人对孩子的权威态度深植于家庭之中，即使那些备受宠爱的孩子也无法排除受大人权威的压制。类似于家庭中的这种强权教育，在学校的学习环境里更是有过之而无不及。学校方面有组织的强权行为使得孩子们直接提早适应大人的世界，但这种教育的目的也只是为了让孩子早点配合大人的生活。事实上，学校里严格的课业标准和强制性的行为规定，都与孩子原本美好无虑的童年生活格格不入，使他们的日常生活变得危机四伏。学校与家长之间这种如出一辙的权威式管教方法，对缺乏抵抗能力的孩子而言，无疑是一股强势的压力。在这种氛围下，孩子所发出的胆怯不安的求救声，好像也从未引起任何人的关注。孩子期待有人能够听听他们的意见，但他们弱小的心灵却一再碰壁、受伤。久而久之，孩子不但可能变得不愿意顺从，更有可能变得不爱惜自己，任由自己做出危险的行为。

如果我们要以孩子的福祉为中心，就应该采取妥善与人道的做法，那就要建立一个不再压制孩子的学习环境。这个环境应当配合孩子的性情，让孩子在其中自由发展。任何一项教育制度的推行，必须先从建立一个能够保护孩子的环境做起。这个环境要能保护孩子不受成人世界那些危害孩子学习和发展的重重阻碍所威胁；这个环境要像暴雨中的避风港、沙漠中的绿洲一样，成为他们的心灵寄托之所在；这个环境要时时刻刻确保孩子能够健康正常地发展。

孩子在成人世界遭受压制，是一个在全世界都存在的社会问题。历史上受到强权压迫者，例如奴隶、仆人和工人，都属于弱势群体，他们翻身的唯一机会除仰赖社会改革别无他途，而社会改革的兴起通常发生于统治者和被压迫者之间的较量之后。美国的南北战争是为了废除黑奴制度；法国大革命则是为了推翻统治阶级、建立现代新型制度。但是，这些可怕的战争都是成人实施的强制手段，它们是成人想用暴力来掩饰错误的见证。

和儿童息息相关的社会问题，并不是一个单纯的阶级、种族或国家的问题。一个只会在大人身边扮演附属角色的孩子，将会变化成一个不懂得在社会环境里生存的孩子。大人只顾自身的利益去压榨孩子权益的做法，败坏了一个社会的整体性，无论从哪方面来看，不管受到压榨和磨难的是谁，孩子都将是受害的一方。所有关心儿童福利的人已达成一致共识：孩子是最无辜的受害者。被当成大人附属品的孩子，他们手无缚鸡之力，根本谈不上替自己争取权益。孩子受到的伤害是那么直接和深刻，他们更加需要得到社会的同情和宽待。社会上有些讨论常常拿不幸的孩子和快乐的孩子、出身贫穷的孩子和有钱人家的孩子、被遗弃的孩子和被宠爱的孩子之间的差异做比较。这些讨论的结果都不约而同地表明，人和人之间的个性差异在童年时期就已经定型，而且童年岁月对成年之后的生活的确有着深远的影响。

儿童是什么？儿童是成人制造出来的物品。为此成人也把儿童当作一件私有财产。没有一个奴隶能像孩子被父母这样完全被主人所拥有，也没有一个仆人像孩子那样必须永远服从大人的指示。从来没有任何人的权益像儿童权利那样不被重视；更没有任何一个工人必须像孩子那样，盲目地遵从大人的命令，至少工人还有下班的时候，还可以找个地方消遣。我想，没有一个人愿意处在孩子的地位。孩子被大人用一堆严格而又专制的规定限制着，他们什么时间必须做功课，什么时间才可以玩，都得按照大人的规定。我们的社会从来不曾将孩子视为一个独立的个体。因此，大人认为住起来舒服的地方就是孩子的家。在这个家里，妈妈负责洗衣做饭，爸爸负责外出工作赚钱，爸爸妈妈只要量力而为地照顾孩子就行了。自古以来，学校方面也是尽量尊重这样的家庭生活方式。因为人们始终认为，这样的安排就是我们能为孩子提供的最好照顾。

自古以来，所有的道德思想和哲学理论几乎完全以大人为中心，和孩子童年有关的社会问题都被忽略了。似乎没有人想过孩子实际上是一个有别于大人的独立个体。从来没有人思考过孩子也具有独特的性情，也没有人关心过孩子为达到其生命中的非凡成就所应具有的个别需要。大人只是把孩子看成是无助的弱小者，大人认为孩子应该按照他们的指令来做事。遗憾的是，孩子作为能如此吃苦受难，而又如此体贴他人的良伴，却没有人真正了解他们。在人类历史上，有关孩子的记载仍是一页空白。我们希望能够将这一页空白填满。

新生儿的诞生

> 我们从以往的经验中发现了一项可怕的事实，那就是婴儿期所遭遇到的负面经历，将会影响孩子未来一生的发展。胎儿在母体内发育的阶段，和他出生后在儿童期的成长变化，都对孩子的未来发展具有决定性、关键性的影响。

有人认为，文明是使人类逐渐适应生存环境的一种方法。如果这个说法是正确的，还有谁比刚出生的婴儿所感受的环境变化更强烈、更突然？当我们要瞬间适应环境时，会感到很难适应，而新生儿在诞生时则必须承受比之更糟糕的局面，因为新生儿基本上是从一个世界降临到了另一个世界。因此我们不禁要问，我们究竟为新生儿的诞生做了些什么样的准备工作呢？

在人类文明史上，应该专门写一页前言，来详细记载大人用什么样的方法来帮助新生儿适应他所降临的新环境。这一页前言目前还不存在，因为人类生命开始的第一页仍然是一页空白，直到目前为止，还没有人试着去了解一个新生命的迫切需要。

我们从以往的经验中已发现了一项可怕的事实，那就是婴儿期所遭遇到的负面经历，将会影响孩子未来一生的发展。胎儿在母体内发育的阶段，和他出生后在儿童期的成长变化，都对孩子的未来发展具有关键性的影响。

世界各地的专家学者也齐声呼吁，胚胎期和儿童期的成长过程，不但对他成人后的健康状况有所影响，而且对整个人类未来的延续也扮演着举足轻重的角色。迄今为止，人们只认为生产——这一人类整个生命过程中最艰难的一刻对产妇来讲是危险的时刻，却没有人领悟出它对新生儿来说也是一道难关。

为什么说生产对新生儿也是一个难关呢？因为经由生产，新生儿彻彻底底地脱离了之前赖以为生的母体保护。与母体分开的新生儿，必须马上靠自己尚未发育完全的器官来维持生命。在还没有出生以前，新生儿是靠母体内特别为胎儿设置的温暖羊水在生长，是母体保护着胎儿，不让胎儿受到丝毫躁动和温差的影响，连一丝丝微弱的光线、一点点轻柔的声音，都被母体隔离在外，不让胎儿受到干扰。

然而，随着生产的过程，新生儿被从母体温暖的羊水里排到空气中求生存。原本在妈妈肚子里安详地静养着的胎儿，却要在没有任何适应期的情况下，被迫经历一场筋疲力尽的生产工作。新生儿那瘦弱的身躯就像被两块重石挤压一样，最终新生儿只得带着伤降临到我们怀里，像一位长途跋涉的朝圣者。我们为使新生儿顺利降临到我们身边又做了些什么来帮助他呢？我们是用什么方式来迎接他的到来的呢？在生产的时候，几乎所有的注意力全都放在妈妈身上，新生儿只是被粗略检查了一下，确定他可以健康存活就算大功告成。刚当上爸爸妈妈的父母亲，充满喜悦地看着他们的孩子，大人的自我正是经由这个完美婴孩的诞生而获得满足。因为孩子的到来，实现了他们期待已久的一种渴望——他们拥有了一个孩子。这个孩子的诞生，将会使他们的家庭紧密交融在一种爱的感觉里。

但是，当生完孩子的妈妈，在幽静的房间里安详放松休息的同时，有谁想起过是否也应该让同样饱尝疲累的新生儿，也在微暗的房间里安静休息，

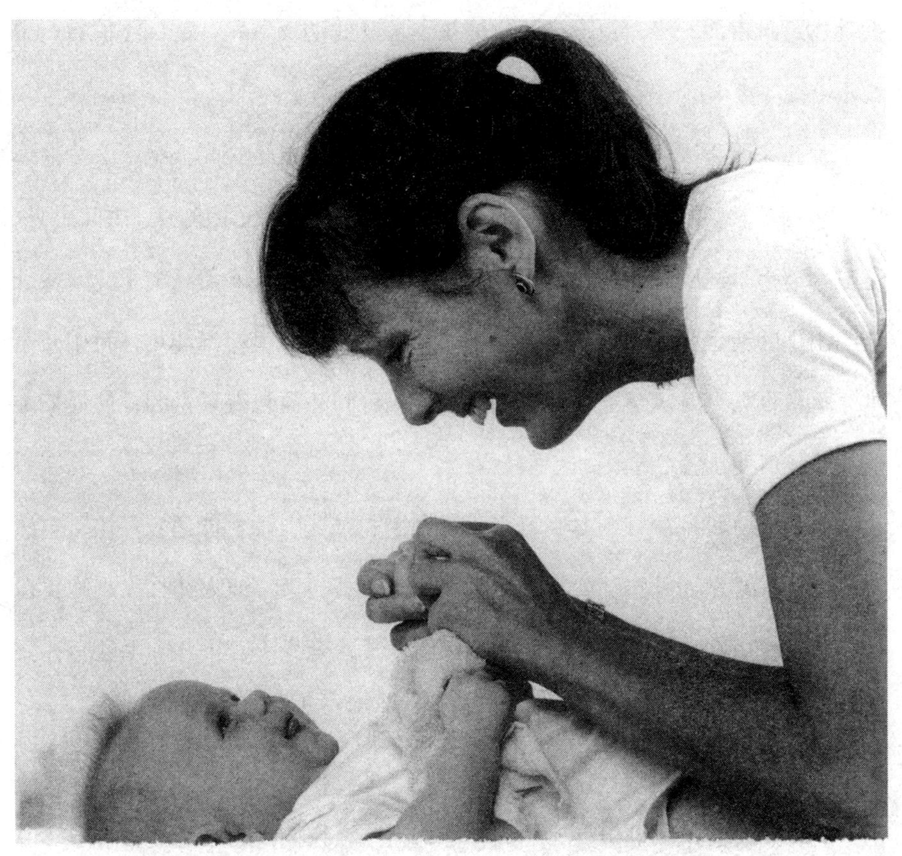

婴儿自降生开始，就对人类声音充满好奇

以让他能慢慢适应新环境呢？遗憾的是，没有什么人认为新生儿受过艰苦的磨难。新生儿那从未被触摸过的小小身躯，是那么敏感，但是没有人会为珍惜他而好好呵护他，也没有人去试图理解新生儿对每一个新触觉和对其身体里的无数自然现象所作的敏感反应。

有人说，自然界自会在必要的时候，给予它的子民所需要的援助。然而，如果文明已经为人类创造了能够超越自然、控制自然的“第二天性”，那么，当我们观察其他动物的自然发展时，大概会觉得兴趣盎然。如果我们仔细观察动物的习性，可以看到母兽会将它的孩子藏起来，让它们避开光线一阵子，还会用它的身体给小幼兽保暖。母兽还会非常警觉地保护它的孩子，不让其他动物跨越雷池一步，更不会让它的孩子被其他动物触碰，甚至连被看一下都不准。

反过来看看人类的新生儿吧！不论是自然环境或是文明，都不曾为他适应环境而减轻负担。甚至有人说，孩子能活下来就已经足够了。由此可见，他们判断孩子适应环境的标准也就是孩子能不能平安地活着。本来应该继续让刚出生的新生儿维持在妈妈肚子里时的姿势，可现实情况却是，新生儿常常一落地，马上就被穿上衣服，甚至有一段时间还被包得紧紧的，使他们柔弱的四肢遭受着强力的限制。

有这样一种说法："健康的孩子完全具有抵抗力，他们能适应环境，自然界的万物不都是如此？"如果人类真有如此强壮的话，他为什么不干脆自在地住在树林里呢？他干吗还要在冬天拼命保暖，全身裹着柔软的毛毯坐在安乐椅上，享受悠闲舒适的生活呢？难道我们比新生儿还要脆弱吗？

死亡，就像新生一样，也是一种自然现象，它是每个人必须经历的自然法则。既然死亡是一桩极其自然的事情，为什么我们没有去想尽各种办法以减轻死亡的恐惧？既然我们无法摆脱死亡的威胁，为什么我们还会想尽一切办法以尽量减轻死亡的痛苦？况且，我们从来未曾想一些办法去舒缓生产的痛苦！

总而言之，人的内心有一种说不出道理的无知，一种已深入个人精神和整体文明的盲目。就像视觉上的盲点一样，人们对新生儿的盲目无知，正是人类对生命的一个盲点。

我们必须彻底了解新生儿的特质，只有这样，他们才能从一生下来就得到完好的照料，也才能够安稳地跨出生命中的第一步。照顾新生儿一定要具备相当的知识，并且应以新生儿自身的需要为主。就算只是抱一抱孩子，也一定要非常温柔谨慎地对待他。除非能够做到轻柔地对待他，否则新生儿最好不要被随便移动。我们必须明白，孩子刚生下来的时候，甚至在他还没有满月之前，都需要一个安静的成长环境。这段时间最好不要帮孩子穿衣服，也不要用包裹给他包起来，只需让孩子在室温下做到保暖就可以了。因为婴儿这时候的体温还不大能够随着温度的变化来自行调节，所以穿衣服对新生儿来说并没有太大的实质性帮助。

我的这个观点也曾受到过一些非议，因为有的妇女会说我忽视了每个国家存在不同的传统育婴方式。对于这项指控，我只能说各种不同的育婴方法我都有所涉猎。正因为我曾经在许多国家做过研究，深入观察过各种不同的育婴方式，才发现了这些方式在某些方面的缺失。容我再次说明，这些育婴方式真正欠缺的，是一种心理意识上的醒悟，即在我们迎接新生儿的来临前，绝对需要花时间做好一切准备。

事实的真相是，不论哪一个地方或是哪一个国家，儿童都未被彻底了解。从孩子出生的那一刹那起，大人的潜意识里就充满了不安。成人对自己所拥有的东西总是想要极力保护，即使有些东西实在没有多大价值。他们害怕孩子的来临将会打乱平常的生活秩序，房子也会被孩子破坏或弄脏。也许正是因为有这种心态，所以我们照顾孩子的方式，不外乎就是急急忙忙地跟在孩子后头，随时准备拯救那些可能会被他破坏的东西。有时他们甚至想逃离一阵，以保持心境的平和。大人在采取这些行动的同时，在使孩子成为一个有教养的小孩的努力中，也抑制了孩子所特有的那种“随心所欲”的性情。

有时候，我们会把孩子随心所欲的特性，误认为是任性的表现。其实孩子一点也不任性，只不过是因为我们对孩子的了解还不够罢了。我们常常因为不够了解孩子的性情，而在教养上犯下一些错误。举例来说，孩子从一岁开始，特别是在两岁的时候就有一种倾向，希望看到东西都摆在他所熟悉的位置上，且对每一样东西都有特定的使用方法。如果有人打破孩子这种习以为常的生活秩序，他会感到非常不高兴、沮丧，甚至会想办法把东西物归原处，以安抚自己的心情。

即使是年纪非常小的孩子，也有物归原位的要求。我们学校里就曾经发生过类似的情况。有一次，一个孩子站在那儿低头看着地上的散沙。他妈妈看见后，就随手把沙子撒掉了。没想到孩子竟然当场哭了起来，只见他急忙把散落的沙子集中起来，捧回原处。直到这时妈妈才明白孩子为什么会突然哭了，遗憾的是她把孩子的这种需要当成是不乖的表现。

另一个孩子的妈妈讲述了这样一件事。有一天，因为觉得天气暖和，就把外套脱了下来挽在手上，孩子因此开始哭闹。没有人知道孩子为什么如此伤心，直到妈妈把外套再次穿上后，孩子才安静下来。到这时大家才恍然大悟。

以上例子表明，影响孩子情绪的主要原因，都是因为孩子看到物品放在了不熟悉的位置。大人可能认为，这样的孩子应该受罚，因为只有处罚才能纠正孩子的缺点。事实上，如果有些缺点在孩子长大以后就能自然消失的话，那现在纠正孩子的缺点便显得多此一举。成人当然不会因为有位妇女脱下外套，就在大庭广众之下嚎哭。大人往往不了解孩子一些行为的真正意思，就认为这些行为显示孩子不乖。我们应该明白，孩子现在的某些缺点，长大后会自然消失，不值得我们过于操心。一旦我们开始接受孩子，就能够慢慢了解我们对他的许多纠正措施是多此一举，并且还会继续爱这个有许多小毛病的孩子，因为我们知道有一天他终将成为一个守礼、明理的大人。

再举最后一个例子。我认识一个两岁的孩子，他的保姆每次都在同一个浴缸、用同样的方式帮他洗澡。当这个保姆有事必须离开一阵子时，另一个保姆就来代替她照顾孩子。但是每次新保姆一帮孩子洗澡，孩子就开始哭，新保姆也搞不清楚到底是什么原因。直到原来的保姆回来后问孩子:“你为什么每次洗澡都哭呢?新保姆人不是很好吗?”孩子回答她说:“新保姆是对我很好,只是她每次洗澡的顺序都倒着来。”原来以前的保姆都是先帮孩子洗头,但新保姆却是先从脚开始洗起。洗澡的先后次序对这个孩子来说,是生活规律中的一部分,为此他才会尽力加以防卫。然而孩子对规律性的趋向,却往往被大人视为不乖。

心理胚胎

成长是一个神奇的过程。在成长的过程中，有一种内在的能量在启动新生儿原本能够自主的身体。一旦这个能量启动，新生儿的手脚便开始运动起来，也会开始学说话。自此，新生儿不只具备了行动的能力，也有了表达思想意见的能力，这便是人的内化过程。

新生儿应当被视为“心理胚胎”来看待，它是一种为了降临到这个世界而包藏在肉体中的精神。但是，从科学的角度来看，新生命却被认为来到这个世界上时是一片空白。组成这个活生生个体的是组织和器官，这些都可以用科学仪器测量出来，但是我们所称的精神却无从查证。如此细密灵活的身体难道真的会无中生有吗？这一切还是一个待解之谜。

刚生出来的孩子，他是站在人生旅程中一个令人印象深刻的起点。新生儿降生以后，很长一段时间都无法自主，也没有能力做任何事情，就像一个虚弱或瘫痪的病人一样，需要别人的照顾。除了呜咽的哭声或疼痛的叫喊声以外，新生儿大部分时间都默而不语。往往当他一哭，我们就会直冲到他身边，好像有人需要我们帮助时一样。直到很长一段时间之后，大概是几个月，甚至一年以后，新生儿才不那么娇弱，也比较像个孩子了。再过几年，他的声音也变成了小孩子的模样。

我们可以把孩子身体上和心理上的成长现象，看作是一个成“人”的变化。换个角度来说，成长是一个神奇的过程。在成长的过程中，有一种内在的能量在启动新生儿原本能够自主的身体。这个能量一启动，新生儿的手脚便开始运动起来，也开始学说话了。自此，新生儿不只具备了行动的能力，也有了表达思想意见的能力，这便是人的内化过程。

和其他动物相比，人类的婴儿在出生以后，有很长一段时间需要别人的照顾。从现实状况来看，这对新生儿的成长具有非常重要的意义。怎么说呢？其他动物不管出生时多么脆弱，几乎都得马上或在非常短的时间内靠自己活下去。它们必须马上学会走，甚至得跟在妈妈后面跑，还要学会与同类动物的沟通方式。例如，小猫得学会喵喵叫，小绵羊也要懂得咩咩叫。虽然发出的声音很微弱，我们还是可以听见它们不断发出的嘶鸣声。动物的成长准备期很短又极简单，可以说，一生下来其本能就已决定了它们的行为。好

多与孩子交流沟通，给他们创造一个快乐的儿童之家。

比顽皮的小老虎从出生的那一刻起，就已经会自己站立，在出生后短短的时间之内，就已经能灵敏地钻来动去。

每一种降临到这个世界上的动物，不光只是具有外在的形体，还具有天生的潜在本能。所有的本能都是在动作中显现的，它们代表了不同物种的个别特征。有人认为，动物的特征是通过它们的行为而非外表归纳出来的。因此，动物身上拥有的那些植物所没有的特性，便可以统称为心理上的精神特质。连动物的心理精神特质在出生时都很明显，怎么可以说人类新生儿没有同样的天赋呢？有一项科学理论认为，动物现在的行为表现是经过一连串物种繁衍的经验累积而来的，难道人类的特征不也是如此吗？因为人类也是先直立行走，再不断发展出语言，并将经验传递给后代子孙。

所以说，这里面必然隐藏着一个真理。让我以物品的制造方法来做个比拟。有些东西是经由机器快速大量制造的，完全一模一样；另外有些东西则是用手工慢慢做出来的，每一种都有所不同。手工制造的价值，就在于它带有艺术家的独特风格。这个比喻可用来说明其他动物和人之间在心理上的差异，动物就像是大量制造出来的产品，每种动物一生下来就已经具有了跟同种动物一样的特性。相比之下，人则是“手工制造”出来的，每一个人都不太一样，好比是自然界制造出来的艺术品，每一个人都有他自己与众不同的特性。另外，人的制造过程缓慢又耗时。在人的外表还未显现出来以前，其内在就已开始发展，这一发展不是为了复制一模一样的人，而是为了要创造出一个全新的人。人的内在发展到现在为止仍然是一个无法预知的谜，我们能说的是，人类发展一直都要经历一个费时的内在建设过程，就像一件艺术品在呈现给大众之前，艺术家必须先在他幽静的工作室里进行一番精雕细琢一样。

人格的形成是一个看不见的过程，而无助的婴儿对我们来说更是一个谜。

我们只知道婴儿将来会有无限的发展可能，但无从得知他会成为什么样的人、有什么样的成就。在婴儿柔弱无助的身体里，有着比其他动物更为复杂的独特机制。人是独立的个体，每个人所具有的独特意志使他完成具体的转化工作，并使自己向前迈进。音乐家、歌手、艺术家、运动员、专制君王、英雄、罪犯、圣人——都是经由同样的方式来到这个世界，但是他们每个人都带着各自的发展之谜来到这个世界，正是个性的发展激发着每一个人去做不一样的事。

孩子出生时的无助现象，曾经是哲学探讨的主要课题，遗憾的是，医学专家、心理学家或教育学者却未曾对其产生过兴趣。在他们看来，孩子出生时的无助现象是一种理所当然的事实。虽然大多数孩子都能顺利度过这段无助的婴儿期，但这些影响仍会深埋在他的无意识底层，对孩子日后的日常生活会产生严重的心理后果。那些认为婴儿不只在行动上被动，其心智也空洞的假设，实在是大错特错。还有人认为，孩子在婴儿期过后之所以会神奇发展，完全是因为大人的悉心照顾和认真养育，这样的假设也同样是错误的。这类假设更会让爸爸妈妈产生一种责任感，以为自己就是启发孩子内在生活的力量，因此他们会把教导孩子视为像在完成一件物品那样。为了发展孩子的智慧、敏锐感和意志力，他们会不停地提出建议、发出指令。就这样，大人赋予了自己近乎神圣的力量，并深信自己在孩子生命中的地位，就像圣经里所描述的上帝一样："上帝依照他的形象创造了人类。"

骄傲是人类最嗤之以鼻的恶行，大人将自己神化后所形成的自我膨胀，让孩子承受了许多苦难。孩子才真正握有通往自己内心世界的钥匙。孩子确实很小就能展现出自己的发展趋向和相当的心智天赋，他总有一天会尝试着展现出他的能力。这时候如果大人受到自我膨胀的影响，不合时宜地加以干预，可能就会抵消掉孩子的努力，挫伤他们的自我实现。大人的行为极有可能给孩子原本具有的天赋带来负面影响，这也许就是造成人类在传承中失败的原因。真正的问题在于，虽然孩子必须经过重重困难和持久的努力，才能充分运用与掌握他的心智，但是孩子有其精神层面，只是他们得花些时间去表现出这份天赋。

一个在孩子身上封锁、隐藏的心灵，正在逐渐茁壮成长，它正一点一点地让被动的躯体活跃起来，唤醒孩子的意志力，并开启孩子的意识。然而在现实环境中，却有另一股巨大的力量正向他袭来，且最终驾驭了他。在这个环境中，无人能感受到甚至接受人类可发生内在转变的事实，娇弱的新生儿没有受到丝毫的保护，也没有人帮他安度艰难的发育期。该环境中发生的每一件事对新生儿来说都是一种阻碍。

就这样，作为心理胚胎的孩子，只得靠自己的力量，在他所处的环境里求生存。事实上，正如生理胚胎一样，心理胚胎也需要外在环境的保护，它需要爱的温暖，需要人们尊重它的存在，需要一个能完全接受它、永远不会阻碍它的环境。

一旦了解这些以后，大人必须改变对待孩子的态度。孩子是以心理胚胎的形象呈现在我们眼前的，它赋予了我们新的责任。那个柔顺、优雅的小东西，那个受我们喜爱、被我们用过多物质包围，就像我们的玩具的婴孩，必将唤起我们心中对他的崇拜。

在人的具体转化过程中，必须面对很多内在挑战。要理解尚未存在的意志，几乎是不可能的，但它最终为了激励及锻炼被动的身躯，必然会加以控制。从这一刻起，婴儿娇弱的生命霎时绽放了开来，婴儿开始有了意识，开始对周遭的环境感兴趣，在自我实现的努力下，肌肉也活泼起来，我们必须对孩子的努力给予同情，因为这段时间是孩子人格发展定型的关键期。这个责任是如此重大，我们应该借助科学方法，试着去了解孩子的心理需求，并准备一个符合孩子需要的生长环境。这是正在发展的这门科学长久以来的首要原则，也是需要成人的智慧结合的科学，因为在人类发展史的最后结论完成以前，还有很多的工作等着我们去实践。

爱的导师

孩子的到来给了我们一个全新的开始，孩子唤醒我们的感觉，用我们不懂的方法让我们保持清醒。孩子是可以帮助大人上进的人。如果大人不愿意去尝试，就会遭致失败，以致变得慢慢顽固起来，最后处于麻木不仁状态。

孩子对大人的一举一动都十分敏感，他们也很想服从大人的每一个指示。大人绝对无法想象，孩子已经准备好永远服从我们，而且他们的这一意志是多么坚定，这正是孩子的特性之一。举例来说，有一个小孩把拖鞋放在床上，他的妈妈生气地跟他说：“不能这样，拖鞋很脏！”然后一边生气，一边用手在床单上把灰尘拍掉。经过这件事以后，任何时候这个孩子只要看到拖鞋，就会对着拖鞋说：“好脏！”然后跑到床上拍灰尘。

我们应如何行事呢？孩子是如此敏感，又如此容易受到我们的影响。因此大人应该注意自己的一言一行，因为我们做的每一件事、说的每一句话，都会嵌进孩子的脑海里。孩子是完全服从的，因为服从就是他此一阶段的生活。对向他说出金玉良言以指引他生活的大人，孩子是又爱又崇拜。所以我们应该意识到，孩子行为上的一点点偏差，都很有可能是他们情绪的反应，值得我们加以重视。

不要忘了，孩子随时会对我们付出爱，并听从我们的话。孩子是爱大人的，因此，我们必须了解他们。我们总是说，爸爸妈妈和老师是多么爱孩子，甚至有人主张，必须教导孩子如何去爱他们的妈妈、爸爸和老师，甚或去爱每一件事和每一个人。然而，谁会担当起教孩子“爱”的导师呢？是那些总把孩子的活泼好动当成不乖的人吗？还是那些只会惩罚孩子的人？没有人能够不经过努力就可以成为孩子爱的导师，也没有人能够以井底之蛙来看待比他自己更广阔的世界。

是的，孩子深深地爱着他身边的大人。你是否注意到，当孩子睡觉的时候，一定要他爱的人陪伴在身边。可是孩子所爱的那个人却自以为是地认为：“这种无理取闹的行为一定要予以制止。如果孩子睡觉的时候我们还陪在他身边，一定会把孩子宠坏的。”在吃饭的时候，情形也是如此。有的大人说，如果孩子要和我们一起坐在餐桌前吃饭，而当我们不让他过来他就开始大哭时，我们最好假装我们还没到吃饭的时间。虽然孩子还太小，不能吃大人们吃的食物，但是在大人吃饭时，孩子只是想要在场而已。一旦孩子被带到餐桌前，他就不会哭了。当然，假如孩子坐在餐桌前还哭的话，那是因为没有人理他，孩子很想成为团体中的一分子。

还有谁像孩子一样，连我们吃饭的时候都那么想和我们在一起？等到将来有一天会叹息：“现在可没有人在睡觉前还哭着要大人陪了，每个人在睡觉前只想着自己，只记得今天发生了什么事，就是没有人想到我。”这将是多么悲哀啊！只有孩子每天晚上都记得说：“不要走，陪我嘛！”我们可不要失去了人生这一不复再来的机会。

有时候，孩子一旦醒来，就会把还在睡梦中的爸爸妈妈叫醒，类似这样的事情让家长抱怨不已。实际上，每个人都应该和这个溜下床的纯真孩子做一样的事才对。太阳出来的时候，大家就应该起床，但是做爸爸妈妈的却还在睡觉。孩子早上来到爸爸妈妈床边，好像是在说：“爸爸妈妈起床喽，我

孩子大多通过自己的活动来感知外界，父母应给予他们更多的经验。以唤醒其感知世界。

们一定要学习过健康的生活，早晨已经在向我们招手了！”孩子并不是想当老师，他看着父母，是因为爱他们。早上一起来，孩子就不由自主地想跑到他爱的人身边。他们也许走得跌跌撞撞，经过还没有什么光线的房间，但是一点也不怕黑黑的影子。他拉开半关的房门，走到爸爸妈妈身边，轻轻摸他们的脸。爸爸妈妈往往会说："不要在早上把我吵醒。"而孩子却会这么回答："我没有吵你呀，我只是想亲你一下而已！”可是爸爸妈妈还是会找别的方法来教训孩子。想一想，在我们的生命中，有谁一睁开眼睛就想和我们在一起？有谁那么不怕麻烦，只因为想看看我们、亲亲我们，而特别小心翼翼地不把我们吵醒？这样的事在生命中又能够发生几次呢？

而我们做大人的竟然觉得孩子如果有此类坏习惯，一定得想法给他改过来。孩子爱的表现，对我们竟然起不了什么作用。

孩子清早醒来，爱的不仅是亮丽的早晨，他们爱的还有老是睡过头、浑浑噩噩的爸爸妈妈。孩子的到来给了我们一个全新的开始。孩子唤醒我们的感觉，用我们不懂的方法让我们保持清醒。孩子用和我们非常不一样的方式，每天早上出现在我们面前，他好像是在说："你看，可以过另外一种健康的生活，你可以过得比现在更好。"

我们本来可以过得更好，只是人很容易有惰性。孩子是可以帮助大人上进的人。如果大人不愿意去尝试，就会遭致失败，以致变得慢慢顽固起来，最后处于麻木不仁状态。

新式教育

身为一个教育家，我们必须选择正确的途径，用我们敏锐的观察力去了解，什么样的行为才是帮助孩子发展所必须的。我们一定要控制自己的行为，以免造成破坏。进行创造的人应该是孩子，而不是大人。然而这不是一件容易让人清楚了解的事，一般人的想法还是认定大人才是创造者。

在过去的讨论中，教育应始于出生的理念一直是大家热衷的主题，尽管对于如何教的问题尚未有人论及。这个问题看上去像是一个理论性很强的问题，显得不太注重实际，至少不像孩子的健康需要那么具体。

例如，有些医生替 1 岁以下的孩子设计了一所特别的学校。在这所学校里，孩子将接受一些手和脚的运动课程，以为他们日后要用到手脚的日常活动做准备。我觉得这是一个十分错误的做法，它完全没有考虑到娇弱的新生儿可能因此而受到运动的伤害，况且新生儿要学的事情实在已经够多了。当然我们也不要对他施予太过小心的保护，不让新生儿做任何活动。只要我们在引导新生儿活动时，能对以下原则有一个明确的认知，即如果我们不以上述特别学校的教育方法作为新生儿的教育，那我们就能往前走。大人在帮孩子做手脚运动时，明显是将大人的动作方式套用在孩子身上，这是一个普遍的错误。大人绝对不应该把孩子塑造成小大人，而是应该对他们的行为不加干预，让孩子依照自己的禀性去工作、活动。

肢体运动应该发自于孩子内在的意愿，且应由孩子内在的生命来安排。除非孩子按照自己的意愿活动，否则孩子的肌肉就不可能得到正常的发展，因为身体的活动本身就是他自我意愿的表达。我们只能静待孩子自身的内在生命来加以安排。对此，我们可以借用各种方法，并勉励自己去了解孩子的发展过程。之所以需要这些方法，是因为我们没有办法用语言直接和孩子沟通，无法真正明白孩子的需要。当然它们必须建立于观察所得的确实性上。

一般来说我们常常认为，孩子是一个身体不能自主、需要无微不至的照顾、一哭起来就吵得每个人都不得安宁的麻烦家伙。在孩子出生的头一年里，我们就是用以上态度对待他的，完全忽视了孩子的心理发展。那种认为人的人格在婴儿期就已经存在的观点是十分正确的。任何阻挠孩子成长的事情，都会对孩子日后的人格形成非常重大的影响。因此，我们必须深刻认识到，此问题不仅在教育上极其重要，对人类发展史也举足轻重。

从孩子出生开始，我们就应该试着从一些难以捉摸的行为去观察孩子的心理发展，并找出生命最初几个月可以作出分辨的模式。

教育学家将小孩子和只有几岁大的幼儿定义为“软蜡”，意思是指，这时期的孩子可以加以适当的塑造。教育学家软蜡的观念本身并没有错，错就错在他们认为孩子必须由他来塑造。与此相反，孩子必须塑造他自己，这是一个基本的观念，因为孩子是能够自动自发成长的，这可以从孩子用来表达他自己的各种方式来确认。而大人——这个孩子眼中无所不能的大师，却有可能盲目、粗鲁又不适当地介入，把孩子在自己的“软蜡”上画出的轮廓破坏掉。就算把大人的这种干扰行为称之为邪恶，也一点不为过。

即使大人并非有心要这么做，事实上他们会对孩子悉心费力地在内心建构起来的东西肆意破坏。在大人不加注意的时候，孩子会重新开始他的建构工作，可是大人会再一次地将之破坏殆尽。孩子和大人之间的冲突就这样一直僵持到孩子完全投降为止，他会从此不再发表自己的意见，不再做自己想做的事。

由此可见，在孩子这段如此敏感的时期，教育是何等重要。事实上，这一时期的教育工作，比接下来的任何时期都要重要。为了避免成为阻碍孩子正常发展的阻力，大人一定要保持顺应的态度，绝对不能盲目、不合时宜地干预孩子。我们都知道地狱魔鬼与天神的不同：天神的力量是用来创造的，而魔鬼的力量则是用于毁灭的。身为一个教育家，我们必须选择正确的途径，用我们敏锐的观察力去了解孩子，并正确地判断什么样的行为才是帮助孩子发展所必须的。我们一定要控制自己的行为，以免造成破坏。做出创造的人应该是孩子，而不是大人。然而，这并不是一件容易让人清楚了解的事，因为一般人的想法还是认定大人才是创造者。因此，我们应抛却自以为万能的幻觉，以此来洗净自己的罪过。

迈开这一步之后，我们接着应试着去更加了解孩子的人格。不论我们所教育的是新生儿还是年纪大一点的孩子，教育者的首要责任应是去觉察孩子的人格，并对之予以尊重。当我们因为怕孩子吵闹而不让孩子和我们在一起时，我们就表现出了对孩子的不够尊重。在成人的世界里，让大人觉得欢心舒适的事，对孩子也照着做准不会错。当我们正在吃晚餐时，孩子却在另一个房间里啼哭，那是因为他被单独隔离在一边了，显然我们对成人就不会用如此不尊重的态度把他一个人关在房子里。我们应该像对待任何其他人一样，让孩子和我们坐在一起吃饭，而且应感到这是我们的“荣幸”。我们应该乐于见到孩子，并让孩子和我们亲近。

有一些人认为，让孩子与大人一起吃大人吃的食物，对孩子的健康不利，事实上我们实在不必为此太担心。我们做的很多事情都可能让孩子受到伤害，而我们却对此感到顺其自然。我们应认识到，如果我们忽视了孩子，我们就伤害了孩子，而我们常常这样做了却未向孩子致歉。

孩子最让人不可思议的地方，就是他们具有异常敏锐的观察力。我们想象不到孩子可以观察得到的事物，孩子都看到了。奇怪的是，为什么我们还以为一定要用鲜艳的颜色、夸张的手势和高分贝的声音来吸引孩子的注意。我们不知道的是，孩子有很强的观察力，可以吸收许多影像，不光是事物的影像，还包括动作的影像。孩子所吸收的除了事物的影像之外，还有事物之间的关系。对于许多东西，在我们还未注意到的时候，孩子就已经做了许多观察与吸收。

举例来说，一个刚1个月的婴儿，出生以后还未踏出过房子到外面一步，这个婴儿在这期间只见过两个男人，一个是他的爸爸，另一个是他的叔叔，而且他们两人从未同时出现过。有一天，婴儿看见爸爸和叔叔在一起，他惊奇地看着其中一个，然后再转头看另一个，就这样看了好长一段时间。这两个大人也趁此机会安静地站在婴儿面前，让他有时间仔细观察。相反，假若两人离开了房间，或是说话分散了婴儿的注意力，恐怕再也不会有让这个婴儿印象如此深刻的体验了。当这两个男人最后离开时，他们也是慢慢走开，好让婴儿有时间对他们分别观察，让婴儿确信爸爸和叔叔是两个不同的人。在我们看来，爸爸和叔叔所做的是通过帮助孩子建构他的内在能力，来达到教育的目的。

还有一些例子，也是和还不会说话或走路的孩子有关。在饭厅里，一个大人抱着几个月大的婴儿，婴儿看到了一幅画了许多水果的画，他一边看着画，一边做出假装吃东西的样子。当时这个婴儿本来还在喝奶，由于他曾经看过大人吃水果的样子便模仿起来。抱婴儿的大人看见孩子模仿得那么开心又很有兴趣的样子，就抱着他站在画前，直到婴儿兴趣索然才离开。这个大人才是我们所称的“教育家”！孩子借着模仿大人的动作在进行内在的练习，而这个大人正好容许了孩子去完成这项活动。

还有一个例子，一个小孩看见大厅的芭蕾舞者雕像后，立刻跳起舞来。因为孩子曾经看过别人跳舞的样子，所以他知道雕像的姿势就是跳舞的动作。

孩子会对房间里的某些特定东西特别感兴趣。如果有人把原本不在房间里的东西放在房间里，孩子马上就会发现，还会追问那是什么东西。有一个小女孩一天被带到外面去玩，她在墙边发现了一块石头，这块石头让她印象非常深刻，从此小女孩每次出门，一定要停下来看看这块石头才行。

毫无疑问，孩子喜欢光亮和花朵，也爱观看动物。原因非常简单，因为我们都知道孩子是敏锐的观察家，他们可以将看到的东西按次序存放在大脑里。孩子经常会做一些事情来满足自己的观察欲望。例如，当大人对孩子说话的时候，孩子会仔细注意大人的嘴形，但是我们往往不明白这一点，以为要吸引孩子的注意力，非得大声吼或叫出孩子的名字不可。实际上没此必要，即使我们做出假装讲话的样子，嘴唇做出微小而明显的动作，孩子也会变得非常专注。这个举动就会让孩子着迷，因为他的内在正在发展一种必须完成任务的意识——此时孩子开始对语言敏锐了起来。如果你把一个四个月大的孩子抱近到一个只动唇却不出声的人身边，孩子就会非常好奇地看着那个人。很显然，孩子观察他人唇形的变化能激励他对语言的模仿力，这正与他的内在发展相符。

让我们把话题转向较大的孩子身上。我曾经有机会观察过几个日本爸爸，他们所表现出的对孩子的了解更胜于我们。有一位爸爸一天带着他 2 岁大的儿子在散步，他儿子突然一屁股就坐在了路边。这位爸爸没有大声斥喝："地上很脏——快起来！"而是耐心地等儿子自己爬起来后继续走。这位爸爸收起了长者那不可一世的姿态，而表现出尊重孩子的行为，这正是一位教育家的所为。我还见过一位日本爸爸，他把两脚张得很开，让他的孩子在中间穿来跑去。这位可怜的爸爸在做这种姿势时，甚至还保持着一副尊严的样子。我十分钦佩一些人从育儿中，或是从传统的教养方法里所得到的智慧，而我们却似乎只是急着教导孩子成为社会上的大人。

我在米兰街头遇到过一位正牵着孩子过马路的妈妈，这位妈妈还曾经上过我们蒙台梭利学校的课程。当时教堂的钟声正好响了，孩子停下脚步，想听完钟声再走，可是妈妈却不顾孩子听到钟响后的喜悦心情，责怪孩子，并催促他赶快走。由此可见，要说服成人对孩子保持被动的态度，虽然不容易，确是绝对必要的做法。每个成人都必须了解孩子的需要，同时要抑制自己成为孩子生命塑造者的虚荣心态。我们绝对有必要让每一个独特的个体从事内在生命的自我教育。

我们目前似乎只注意到孩子对新鲜空气和阳光的需要，这两样东西的确不可或缺，但它们只对身体有益。但是，即便亮丽的阳光洒满了孩子身上，孩子的心灵里却连一丝光线也没有，这就是因为成人用他的力量盲目无知地摧毁了孩子特有的——缓慢、脆弱且重要的内在建构工作。

成人一定要学会敏锐地观察孩子的需要，只有这样，我们才能给予孩子所需要的任何帮助。倘若我们想要拟订一项育儿原则，必须让孩子参与我们的生活将是首要的一项。因为孩子在成长期间必须要学会模仿大人的很多行为举止，如果孩子不能观察到该怎么做，就不能学得好，正如失聪的人没有办法学会讲话一样。当我们要求大人愿意延长孩子在自己身边的时间，允许孩子参与我们的生活时，他们总是感到有所困难，但事实上这样做不必花一分钱，它完全仰赖成人情绪上的调整。一个不会仿效大人行为的孩子，一个不会开口问问题的孩子，简直就像只有灵魂存在着。然而由于过去形成的偏见，我们提出的大人应该长时间陪在孩子身边的原则不太被人接受。所谓的健康科学往往蛮横残忍地认定孩子需要很多睡眠，像植物人似的。为什么要强迫孩子睡觉呢？如果我们让孩子在我们身边，一直到孩子想睡了才去睡，我们将发现孩子其实不需要睡那么长的时间。

坚持让孩子早早上床的偏见在北欧地区非常盛行，虽然这种偏见实在缺乏根据，但我们却毫无异议地接受了它。有一次一个孩子过来对我说，他很想看一样经常听人谈起的非常漂亮的东西——星星。原来这个孩子从来就没有看过星星，因为他很早就得上床睡觉。由此可见，这个被规定要提早睡觉的孩子，一定会觉得自己在从事内在建构工作时实在太累。因为他被迫和大人进行拉锯战，正是大人摧毁了他的建构过程，坚持要他早入睡。

耶稣基督要我们学会宽容：“不要熄灭冒烟的蜡烛。”换句话说，就是：“不要多此一举地把已熄灭的蜡烛再弄熄。”我们可以将这条宽容的原则借用到教育上：“不要毁掉孩子设计内在生命的软蜡。”对于正在教导处于建构自我过程的孩子的老师而言，这是一项最重大的责任。

我们所持的基本教育观念是，我们绝对不能变成孩子发展的障碍。明白必须做的事，既不是很简单，也不是很难，最困难的是要了解有哪些先入为主的观点和无益的偏见必须去除，只有这样才能教育好孩子。

保护好孩子心灵的火花

心理学家也一致同意，教学方法只有一个，那就是必须保持学生的高度兴趣和强烈而持续的注意力。因此，教育所要求的只有一项：通过孩子的内在力量来达到自我的学习。

显而易见，在旧式教育和一些较为人知的教育方式中，孩子并未被视为真正的人。在他们生命的最初几年，孩子往往被迫去适应大人的社会，因而完全背离了孩子的天性。在这些教育形式里，孩子只是一个“未来式”而非“正在进行式”。因此，在孩子们长大成人之前，他们通常不会受到真正的重视。

我们要强调的是，与所有人类一样，孩子本身也有其独特的人格。孩子那神奇而富有尊严的创造力绝对不能被人抹杀，孩子纯真敏感的心灵，更需要我们小心翼翼地呵护和照顾。我们不能只想着保护孩子娇小柔弱的身体，不能只记得要喂孩子吃东西、帮孩子洗澡、帮他们穿衣服。没有人可以光靠面包活下去，这句话用在一个人的童年生活上是再适合不过了。物质在此阶段是最不重要的，而且物质可能导致任何年龄的人堕落。受物质奴役的小孩和大人，都会深感自卑，尊严尽失。

其实，成人所营造的社会环境并不完全适合孩子，因为在他们所设置的环境中，孩子一向被隔离在外，使他们不了解大人的社会。由于孩子不知道该如何适应这个将他摒弃在外的社会环境，只好将他们送到学校去学习，可是学校最后往往变成了某些孩子的监牢。如今，我们清楚地认识到，使用过时教学方法的学校，会对孩子成长造成严重的影响。在那里，孩子受到的不只是身体上的创伤，道德上也饱受痛苦。教育上的基本问题就出在，直至今日，性格方面的教育仍被人忽视。

同时，在家庭里，我们也发现了同样的错误。每个人所想的都是孩子将要怎么样，没有人考虑到孩子的现在，而孩子现在要存活所需要的是如此之多。一般来说，现代家庭只是注重孩子的生理需求，并以此作为孩子健全发展的准则，他们只是看孩子吃得好不好、身上干不干净、穿得暖不暖和，以及玩的地方空气是否新鲜等等而已。

在帮助孩子健全发展的一切所需里，最常被人忽视的就是人性的特质，即孩子精神上的需要。孩子内心的人格始终隐而不见，孩子在我们面前表露出来的，只剩下他们为了极力维护自我所做出的负面行为反应，例如，哭泣、尖叫、不当行为、害羞、不听话、说谎、自私和破坏东西等。如果我们认为这些自我防卫的方式就是孩子的性格要素，那我们可就犯了一个非常大的错误。一旦我们犯下这个错误，我们会接着认定，我们有责任用最严厉的方法来改掉孩子的这些坏毛病。所谓严厉的方法通常就是体罚。但是孩子的这些负面反应，往往来自道德上的缺失，或者有时是精神上的失调，这两者的后遗症都可能影响到孩子的一生。

我们都知道，童年是人的一生中最重要的发展阶段，道德的饥饿或精神上的疾病都会对人造成致命的影响，其严重性不亚于身体的挨饿受冻。由此可知，儿童教育确实是人类发展教育中最关键的一环。

正因为如此，我们肩上背负着重大责任，更需小心谨慎地了解会消灭孩子精神的原因，并融入孩子的世界。在大人数不清的规定教条下，孩子好像永远有犯不尽的错。到目前为止，我们也总是习以为常、毫不留情地批评孩子所犯的错误。但是从现在开始，我们一定要扮演一个比以往温和得多的角色。诚如美国文豪爱默生所言："童年是永恒的救世主，反复地回到堕落者的身边，祈求把他拉回天堂。"倘若我们能够醒悟到儿童教育是多么必要和迫切，我们就能为人类的福祉做出更大的贡献。

没有一个孩子能在复杂的成人世界里过平常的生活。在大人不停地监督下，在大人从不间断地教训和独断地命令下，孩子的发展受到了干扰和阻碍。在这种情形之下，孩子在萌芽过程中所有充满生命的力量将奄奄一息，孩子的心里只剩下一个念头：赶快和每一件事、每一个人脱离关系，得到自由的解放。

所以说，我们必须停止在孩子生活中扮演一个看守员的角色，我们要做的是为孩子准备一个尽可能不受大人监督、不会被大人的命令压得喘不过气来的环境。然而，这个环境越是要符合孩子的需要，我们当老师的角色也就越要加以限制。但是我们一定要清楚地牢记一个基本原则——给孩子自由，并不表示对孩子放任自流，或是对孩子不闻不问。对孩子将会遭遇的所有困难，我们给孩子的帮助不应该只是被动的冷淡关怀。相反，我们应该用细心和充满爱心的关注，来鼓励孩子的自我发展。况且，为孩子准备一个适合他们成长的环境，也是一项非常严肃的工作，因为我们要创造的是一个新世界——一个童年世界。

一旦我们摆上孩子需要用的家具，我们马上就可以看到孩子的活动发生了出乎意料的转变。孩子做的每一件事瞬间就会变得合乎我们的期望，他们非常和谐地相处在一起，没有任何危险的意外发生，因为他们知道自己想要做什么。对孩子来说，想活动的意愿要比想吃东西的意愿强得多，我们之所以很少看到这样的情况，是因为在目前不自然的环境中，缺乏让孩子活动的动力。如果我们能给孩子提供一个适当的环境，将发现原本一个个嘟着嘴的"小麻烦"，一下子就都变成了活泼快乐的孩子。一向有房子破坏狂之称的孩子，会变成非常小心爱护身边物品的守护者；原来吵闹乱跑的小家伙，全都变成安静又守秩序的好孩子。如果缺少一个适合孩子活动的外在环境，孩子的旺盛精力就会无处消耗。这时候孩子就只好凭自己的直觉去找寻那些耗尽体力的事来做，借此琢磨他的才能。

如今，我们对那些专门为增进孩子智力发展所设计的学习材料都很熟悉了。市面上可以找到一些设计优美、颜色明亮的小家具，它们做得都很轻巧，孩子能够轻易地移动，如果不小心撞上这些家具，它们也会跟着应声倒下，其好处是孩子不太会受伤。另外，因为这些小家具的颜色非常淡雅，一旦弄脏了，孩子们一下子就可以看出来，知道该把它洗干净了，为此孩子也顺便学习到使用清洁剂和水的简便洗涤方法。孩子常常喜欢找一个他们最爱的地方，舒舒服服地待在那儿；而这些小家具因为重量很轻，任何突然的动作都会让它发出夸张的压挤声。渐渐的，孩子会比较注意自己身体的动作。一些玻璃或陶瓷做的小东西，也可以用来教导孩子，因为这些东西如果掉到地上摔破，也就再也没有了。而失去心爱东西的悲伤，就是给孩子最严厉的惩罚。

一个孩子失去了心爱的东西，会非常难过。谁忍心眼见一个孩子在碎花瓶前涨红着脸、哭得稀里哗啦，而不去安慰他？但是此后孩子有机会再拿其他易碎物的时候，就会尽力小心谨慎地走。

当孩子犯了小错误的时候，如果家长或老师能够在一旁安静地观察，不加介入的话，本身就能教会孩子。慢慢的，孩子会觉得他好像听见这些东西在跟他说话："嗨！我是刚刚上好漆的茶几，小心哦，不要把我刮伤，也别把我弄脏了！"告诉他动作要小心。环境本身和物品美感也可以唤起好动孩子的小心谨慎。因此，孩子们用的每一样东西最好都能非常吸引他们。抹布最好准备多种不同的颜色，刷子也用颜色鲜艳的，肥皂也应该有很多有趣的形状。吸引孩子们想要摸摸看的东西，孩子们自然也想学会怎么用；孩子们会被色彩鲜艳的抹布所吸引，然后知道抹布是用来擦桌子的。同样的道理，孩子也懂得了刷子是刷衣服用的，洗手的时候一定要用肥皂。如此一来，每个角落都有漂亮的东西吸引他，教他如何使用。老师也不必再整天盯着孩子："卡尔，把你的衣服刷一刷。"或是"约翰，把手洗一洗。"一个自己绑鞋带、自己穿衣服、自己换衣服的孩子，从他的喜悦和成就感反映出了人性的尊严，而这正是从独立自主得来的。

孩子在干活时得到快乐，让他们做每一件事都充满热情。他们擦门把的时候，会花很长的时间，把门把擦得像镜子一般亮。即使是一些简单的工作，如弹灰尘或是扫扫地，孩子都一样小心翼翼。显然，鼓舞孩子的并非工作的完成，而是工作可让他们运用潜藏的精力。孩子们能花多久时间专心于做一件事情上面，完全取决于他们体内还有多少精力。

反反复复地做同一件事情，不是孩子天生就喜欢的，但是在重复的过程中，孩子们熟能生巧。我们曾经看过一群非常小的孩子，他们会自己穿衣服、脱衣服，自己扣扣子，自己系鞋带、打蝴蝶结，他们还会把碗筷排得非常整齐，甚至会帮忙洗杯子碗盘。孩子们旺盛的精力，不只让他们学会做很多事情，他们还会用这些精力帮助其他还不太知道怎么做的孩子。我看过一个孩子帮另一个比较小的孩子穿上围兜，不帮他系鞋带。一个小孩子不小心把汤打翻了，另一个大孩子立刻帮忙把地板擦干净。

孩子洗碗盘的时候，不光洗他自己的碗盘而已，他也会把其他脏碗盘一起洗干净；当孩子帮忙摆碗筷的时候，他会把其他人的碗筷也都摆好。而且孩子并不觉得帮其他人做事，就应该得到奖励；对一个充满热心的孩子而言，替别人做事本身就是奖励。有一天，一个小女孩神色忧郁地坐在摆了热汤的餐桌前，一句话也不说。原来是因为有人答应要让她帮忙摆碗筷的，可是却忘记了。小女孩失望得连汤也喝不下，她那受伤了的小小心灵，竟然让她连肚子饿了也无所谓。

如此一来，孩子们外在的社会行为也得以发展。他们十分清楚自己的目标，并能轻易达到。让孩子处在一个能自己动手做的环境里，我们就给了孩子达成自己设定目标的自由。真正的学习兴趣绝对需要有很深厚的基础；孩子以自己的方式做事，目的在满足活动的驱动力和发展的需求。然而，要让他们的驱动力得到满足，必先有一个明确的目标。孩子有时候反复会洗手，其实不是因为孩子的手真的很脏，只是因为孩子的手就在他的身上，只要一看见自己的手，就会联想到一些和手有关的行为。例如，把手弄湿、抹肥皂和用毛巾擦手。扫地、将花瓶换上新鲜的水、把小桌子排整齐、床单铺好、摆好晚餐要用的碗筷——这些都是可以活动他的肢体的合理工作。任何一个尝过家事劳累之苦，却又不能不做家事的人一定知道，看似简单的家事，其实得花上很多力气才能完成。尤其今天，人们大谈体操和身体运动的重要性，但是有一些运动，例如做家务，虽然不是一般机械式的运动方式，却是目的明确。

看到孩子那么乐意去做那些日常生活练习，所有来参观“儿童之家”的人都非常讶异，但这些日常生活练习并不是最重要的事，而只是一个开头，是孩子童年活动中最不重要的。

思想家和科学家给人的印象是，他们常专注于沉思，以至于脱离现实。大家都知道牛顿思考到忘记吃饭的轶事，也听过阿基米德因为陷于数学计算的思考当中，连西拉克斯市被征服沦陷都未干扰到他，直到敌人来到面前，阿基米德才被吓一跳。这些趣闻轶事突显出一项人类性情当中，比沉思还要重要的特性——专心。各项伟大发明，除了科学家需要拥有丰富的知识与文化内涵以外，他们投注在工作上那种几乎与世隔绝的专心更为重要。

假如孩子的活动正好和他的内在需求相配合，孩子的表现会让我们知道他的发展所需。一般来说，孩子会想到去尽量和身边周围的人一样，做相同的事情。

但是孩子也有个别的内在需求，因为当孩子埋头于自己的工作时，必须和周围的一切人与事完全隔开来。我们在神奇又丰富的秘密世界中找到了亲密的孤独，这是无人可以帮我们感受到的。如果受到干扰，这个感觉就会破坏。我们从外在的世界解放出来后所形成的思想，必须仰赖内在精神的培养，周围的环境没有办法影响到我们，只得让我们安心独处。

许多伟大、超群的人物都能够如此沉思入定，而这正是他们内在精神力量的来源。有些伟大的人物透过思想的力量，以静思和无比的慈悲，得到了感化众生的能力。还有一些人长时间离群索居以后，忽然觉得自己有义务来帮忙解决人类所面临的大问题，这些人帮助自陷于仇恨、侵略的同胞，对于他们的缺点和毛病都以无比的耐心包容。此外我们也发现，劳动和精神的专注之间，有着严密的关联。这句话乍听之下好像很矛盾，但是两者相互依赖，相辅相成。内在精神决定人们在日常生活的能量，反过来说，日常生活也以一般性的劳动活络脑部的思考；体力的消耗会不断经由精神的支持而得到补充。一个了解自己的人，对他的内在精神所需，会像他对吃饭、睡觉等生理所需的反应一样，尽量使其得到满足。忽视了精神需求，就像一个对饥饿、困倦毫无反应的身体一样危险。

我们在孩子身上发现到，他们都有这种思考能力，这种发自内心的专注能力。因此，显然专注力并非超群脱俗或天赋秉异的人所独有的特质，而是一种普遍的人性特征，但只有少部分人能够在长大了之后还能保有。

如果我们重视孩子令人刮目相看的专注力的话，就不能只讨论我们认为有用的工作。有的东西虽然看起来一点用处也没有，可是孩子马上就被它吸引住。孩子会被它迷住，用他可以想到的各种方法来操弄。通常孩子操弄的方式可能不太有条理，他往往会把刚刚才开始玩的东西弄乱，然后又开始重新玩起来。孩子会一次又一次地重复同样的玩法，虽然我们看孩子好像玩得不是特别起劲，但实际上我们正在见证一个极为特别的现象。当我第一次发觉这个现象时，我惊呆了，刹那间无数心理学理论在我的眼前崩解。我甚至问我自己这是真的吗？呈现在我面前的这个奇特事实，这个全新、神奇的奥秘，真的发生了吗？因为人们一直相信——连我自己也这么认为——孩子没有办法长时间地专注于一件事情上。但是，在我面前的一个 4 岁小女孩，正非常专心地试着把一个个不同大小的圆柱体放进凹洞里。她小心谨慎地把一个个圆柱体放进去，等到全部圆柱体都放进凹洞里了以后，小女孩把所有的圆柱体全倒出来，然后再把这些圆柱体一块一块地放进去，不断如此，好像玩不腻似的一玩再玩。我在旁边开始念故事给其他孩子听。当小女孩重复玩了 14 遍之后，我坐到钢琴前，邀请孩子们一起来唱歌。可是小女孩依然一动不动地继续玩她的圆柱体，甚至连抬头看一下也没有，似乎完全忘掉了周围发生的事。突然，小女孩的手停了下来，她从地上站起来，微笑而且很满足的样子，眼睛闪闪发亮。小女孩看起来很高兴，平和且带着微笑，好像早晨醒来看到和煦太阳的孩子。

从那时开始，我之后又观察到好几次相同的行为。当孩子们完成一项非常有趣的工作后，他们总显得平静而且十分愉快。孩子的灵魂深处像是开了一条大道，这条大道能引发孩子的所有潜能，把孩子好的一面呈现出来。孩子对每个人都十分友善，乐意助人，且时时表示亲善。然后，其中的一个孩子会悄悄走到老师身边，小声对老师说："我是一个好孩子哦！"就好像要人相信一个天大的秘密似的。

这样的观察早已受到很多学者的正面肯定，但是对我来说却特别有用。因为我把在孩子之间所发生的一切，当成法则来看，因此我能够完全解开教育的问题。我清楚地了解，秩序观念和性格、智能和情绪的发展，都必来自这个被遮蔽的源头。所以，我开始找一些能让孩子专心的试验物品，然后又用心地布置了一个能够帮助孩子专注的最佳外在环境。

所有的教育方法都秉持着一个同样的教育方针：学会抓住学生珍贵的专注时刻，以便利用在读、写、说故事上，之后再更进一步应用于文法、算数、外语等科目。此外，心理学家也一致同意，教学方法只有一个，那就是必须保持学生的高度兴趣和强烈、持续的注意力。所以，教育所要求的只有一项：借由孩子的内在力量，来达到自我的学习。可能这么做吗？答案不但是可能，而且还是必要的。为了培养专注力，孩子的注意力一定要慢慢地被激发而起。一开始的时候，最好选择容易辨认，而且吸引孩子感官的东西。例如，各类大小不同、颜色各异的圆柱体，发出明显不同声音的乐器或教具，用触觉可以区辨的粗糙表面。之后，我们再教孩子字母、写字、阅读、文法、设计、较复杂的数学、历史和科学。孩子的知识便是如此递增累积。

因此，新任老师的工作是相当微妙而困难的。孩子能否找到自我学习和自我精进的方向，或者遭到阻碍，都取决于老师。面对一个刚上任的老师，让他最难以理解的就是为什么他必须在孩子的学习过程中克制自己，避免指导孩子，即使是在开始的时候也不能教他们。老师一定要明白，他绝对不能影响到孩子的自律，老师应该对孩子的潜力有信心。当然，老师往往会忍不住去教孩子，去纠正孩子或是鼓励孩子，不由得在孩子面前显示出老师丰富的经验和文化教养。但最终老师还是得抑制虚荣的心态，否则将无法达到教育的成效。

一个对教育不得要领的老师，必须以勤补拙。他必须有计划地替孩子们安排一个适当的环境，准备一些具有明确目标的教具，并且小心地引导孩子学习日常生活的实际工作。我们对老师的期望是能够分辨出，哪个孩子选对了方向，哪一个孩子却做错了，而且必须冷静沉着，随时守候在旁，必要时才能适时给孩子爱和信心。

身为一个老师，必须为全人类的福祉做出奉献。必须像献身给炉火的女神维斯特那般，保护别人点燃的小火花，不让它受到半点污染。老师必须将自己献身给孩子纯洁的内在心灵火花。如果孩子的心灵火花被忽略了，很可能就会熄灭，永远没有办法再点燃。

让孩子成为自己的主人

如果老师能够尊重孩子的自由，对孩子有信心；如果老师能够把他的所学暂时放一边；如果老师能谦虚地不把他的指导当成是必要的；如果老师懂得耐心等待，他一定会看到孩子发生全新转变。

这里所谓的“人格特质”不光是指道德方面的行为，而是广义地强调孩子的多重性格。不只包括智能上和外形上的特性，还包含孩子将这两者结合后的表现。这种综合的表现是无法从心理学的观点加以分析的。更为重要的是，我想在本章探讨一些不曾被仔细研究或是根本不受重视的儿童活动。

我们可以将孩子的活动过程用一个曲线图来表示。在纸上画一条平行线，表示孩子正处于休息状态，平行线以上表示有纪律的活动，平行线以下代表随意乱玩、没有规律的活动，而曲线和平行线之间的距离代表活动的规律程度，曲线的方向则表示时间的长短。用这种方式，我们可以将孩子每一个活动的时间长度和规律程度，用图形呈现出来。而孩子的活动过程，将会在图上形成一道曲线。

这种方法也可以用于测量一个孩子在儿童之家所做的活动。当孩子进入教室后，通常先安静一会，接着才开始找事情做。因此，曲线是先往上画到代表有规律的活动部分。然后孩子玩累了，活动开始变得有点混乱。这时曲线会画到平行线以下，一直下降到其活动没有规律的部分。接下来，孩子会换一项新的活动。举例来说，如果孩子接下来先玩带插座的圆柱体，接着拿起蜡笔认真画了一段时间，过了一会儿又去逗弄坐在旁边的孩子，这时候的曲线就必须再一次画到平行线的下方。接下来，孩子和玩伴斗嘴，这时候的曲线将继续停在活动没有规律的部分。再后来孩子觉得累了，随手拿起几个铃铛放在秤上，渐渐专心地玩了起来，孩子的活动曲线则再一次往上攀升到有活动规律的地方。等到孩子玩得不想玩了，可又不知道接下来要做什么的时候，孩子会烦躁地走到老师身边。

孩子的活动曲线当然无法显示出孩子是怎样玩每一种东西的，这一问题我在其他地方将会展开讨论。大多数无法专心的孩子，都与上述活动曲线的描述相吻合。这些孩子往往无法把注意力集中在一件事情上，他们通常漫无目的地从一项活动换到另一项活动，原本准备在半年时间里用到的教具，他们在几个小时内就玩遍了。孩子这种显得毫无章法的行为，是很平常的事。

过了一段时间，也许几天、几个礼拜或几个月，我们又重新替这个孩子做了一张新的活动曲线图，我们发现他已有了专注的能力。

从活动曲线图上，我们也可以明显地看出孩子的活动状况。他虽然没有非常严重的脱序现象，但是离完全有规律的目标还有一段距离。也就是说，孩子的活动曲线大致维持在有规律和没有规律的活动范围之间。这种类型的孩子在进入学校后，趋向于找比较容易的事情做，之后，他也许会从教具里找出一些他早已熟悉的东西，重复练习那些他已经学会的东西。过了一阵子之后，孩子看上去有点疲倦，显得似乎不知该做什么，这时他的活动曲线会下滑到代表休息状态的位置。以上活动模式，不但从一个孩子身上表现出来，甚至全班的孩子都是如此。

针对这种情况，一个缺少实际经验的老师该怎么处理才对呢？这位缺乏教学经验的老师也许会这么想：孩子们已经做了一阵子日常生活练习，又花了很多时间在教具练习上，所以他们一定是累了。既然孩子是因为自己玩累了才没有办法专心，所以错不在老师身上。

一个容易心软而且对时下盛行的心理学理论稍有了解的老师，会理所当然地认为，孩子做了那么多的事一定是累了，为此这个老师会打断孩子的活动。为了让孩子透透气，老师一般会带孩子到操场上玩。等孩子们在操场上冲来跑去一阵子后，老师才把孩子带回教室，此时孩子会比没到操场玩之前更好动，更没有办法专心。孩子会继续从一项活动转换到另一项活动，这种“假累”现象会一直持续下去。

在上述情形下，很多老师经常做出错误的结论，认为孩子会对自己选择的工作感到满意，这是不对的。因为孩子的选择很明显是随兴所至，玩了一会儿之后，孩子就会开始烦躁起来。老师对此往往感到无可奈何，他们实在已用尽了各种办法——让孩子休息、换一个地方玩——可是没有一项管用，孩子不但无法继续做原来的事，也没能平静下来。

虽然这些老师在非常用功地钻研着教学方法，但是他们缺乏对孩子必备的信心，因此这些老师没有办法尊重孩子的自主权。这些老师当然是尽了全力，他们对每一项教学建议和教学计划都非常留意。只是这些老师总是习惯于干预和指导，结果反而干扰了孩子的自然发展，妨碍了孩子原本能从中得到的启迪。

如果老师能够尊重孩子的自由，对孩子有信心；如果老师能够把他的所学暂时放置一边；如果老师能谦虚一些，不把他的指导当成是必要的；如果老师懂得耐心等待，他一定会看到孩子所发生的全新转变。老师只有在等到孩子找到自己心智深处尚未被发现的潜能时，孩子焦躁不安的心情才能得以平息。

但是，如果孩子重新选了一项比之前的活动更为容易的活动，他们不安的心情就不可能平静。这项新的活动必须能够吸引孩子的全部注意力，孩子必须专心地把自己完全投入到该活动中，与此同时，孩子还必须完全不受身边事物的影响。

当孩子完成他的重要活动之后，他的脸上将表现出和假累完全不同的表情。孩子之前的表现是看起来很累，现在他的眼睛则闪闪发亮，看起来很平静。孩子似乎有了新的动力，而且充满了朝气。我们称之为工作的循环，包含两个部分：第一部分是单纯的准备工作，它引导孩子接触工作，而且带领孩子进入第二部分——真正的重大工作。

孩子在完成了工作之后，会显得很平静。事实上，孩子只有在这个时候才显出真正的平静。孩子安静祥和的样子，让我们明显地感到他已经找到了新的真理。孩子这时候一点也不疲累，反而充满了活力，孩子的反应就好像我们刚享用了一道美食，或刚洗了一个舒服的热水澡的感觉一样。我们都有这样的体验，吃饭和洗澡绝对是两样花力气的工作，但是它们不但不会让人觉得累，反而会帮助我们重新充满活力。正因为孩子能够从工作中获得平静休息，所以我们必须尽可能地让孩子有接触重大工作的机会。

在此，让我们思考一下“休息”的真正含义。对我们来说，休息并不表示完全怠惰不动。当我们静止不动的时候，我们全身的肌肉比较容易僵硬，只有当我们放松时，我们的身体才能得以歇息。如此一来，我们才能从智力的劳动中，获得精神力量的平静。

生命是神奇的。如果一位老师说：“我给孩子这样或那样的事情做，他才会有精力。”他的这一做法应该得到大家的尊敬，因为这的确是了解孩子的唯一方法。只有聆听孩子生命的声音，我们才能帮孩子选择他真正需要的工作。因此，这位老师尊重孩子神奇的生命过程，也明了他必须有信心等待，这便足够了。在没有压力的学习环境下，孩子显得快乐又友善，孩子甚至可能信心十足地想和老师聊聊天。孩子的心灵之窗好像打了开来，孩子想找老师说话，因为他们现在看出了老师的聪明优秀。从前周围视若无睹的一切，现在好像都在向孩子招手。毫无疑问，孩子现在的感觉变得很敏锐，生活也丰富了起来，对团体活动更加感兴趣。面对这么多生活上的新发现，孩子必须储存足够的精力。一个精神不振、感情贫乏的孩子，对老师的教学是不会有什么反应的。这样的孩子既没有自信也不守规矩。就算真的能教这孩子些什么，也会让你感到筋疲力尽。

以上所说的这些教学理念，我们不得不承认这样一个事实，那就是我们以往对待孩子的方式实在是够糟糕的了。要求孩子信服或服从某个人，都不是孩子内在发展所需要的外在表现。但是我们却一再要求孩子遵从这些外在的行为，不给孩子发展他内在潜能的机会，让孩子成为自己的主人。我们真正应该做的是引领孩子找到那条通往他内心世界的道路，而不是一再使孩子的发展受挫。

孩子越专心，就越能从工作中得到平静，也越能发自内心地遵守纪律。在教学方式上达到这种境界的老师，都会延伸出一套特别的沟通方式。例如，一位老师可能问另一个老师："你们班上孩子们表现怎么样？孩子都组织有序了吗？"老师可能回答："嘿！你记不记得从前那个很没有秩序的小男孩？他现在变得可自律了。"用这种方式沟通的老师，对孩子接下来的发展通常早已心里有数，对孩子的教育也就能自然而然地展开。

一件简单的事就能让孩子变得有纪律，一个能够自律的孩子就这样步上了自然心理发展之路。自律的孩子会变得习惯于工作，若无事可做便不知如何是好，甚至在等人的时候他们都闲不下来。这些孩子整个人都充满了活力。

当孩子越能够自律地工作，他"假累"的时间就会越短，工作结束后平静所得到的时间就会增长，因此可以让孩子有较多的时间沉浸于他刚刚完成的工作。这个平静时刻有它特别的意义，虽然工作好像告了一段落，但是另一项观察外在世界的工作，才刚刚在孩子脑子里展开。孩子打从心里面平静了下来，注意观察他周围正在进行的事，在脑子里思考着一些细节，并从中有了一些新的发现。

要达到专心的地步，需要经历三个不同的步骤：准备期、有具体目标的工作和能让孩子的内在发展得到满足、使疑惑得到了解，这样三个阶段。当孩子的内在疑惑有了答案时，他的外在表现才会有所改变，因为孩子能顿悟到他从来没有发现的事情。孩子会变得非常听话，而且他所表现出的耐心几乎让人无法相信，更令人惊讶的是，在这之前并没有人真的教孩子要听话或要有耐心。

一个平衡感不好的孩子，可能因为怕跌倒而不太敢走路，也不太敢任意挥动他的手臂，这样的孩子走起路来往往“一步一个脚印”。但是一旦他学会了如何保持平衡，这个孩子就不但会跑、会跳，还能左转右弯呢！孩子的心理发展也是同样的道理。一个精神不平衡的孩子是没有办法专心思考的，他也就不能控制自己的行为。这样的孩子怎么可能不经历“跌倒”的危险而去顺应别人的指示呢？如果孩子不能够依照自己的意愿行事，他又怎么能够听从其他人的指示呢？服从是一种精神上的敏感性，服从是内在心灵平静的结果，服从是力量的表现。用来解释服从力量的最好代名词是适应。生物学家认为，一个人需要极大的力量来适应环境。他们所指的适应环境的力量是什么呢？那是一种让人顺应自然法则，学习如何融入周围环境的重要力量。实际上，在这股适应力量产生作用之前，它早已存在，因为这股力量并不是你要用时就可以有的，它需要我们事先准备好。我想园艺家最了解拔苗助长的结果。

孩子必须得到健全的发展，还必须达到精神上的平衡协调，这样他才有能力服从别人。在自然界中，只有强者才能适应环境；同样的道理，只有精神上的坚强者，才懂得顺应服从。

我们必须尽可能地依据孩子的天性来让他有发展的可能，这样孩子才能够茁壮成长。而一个健康成长的孩子，日后的成就远比我们所期待的要大。孩子的精神（专注力）能平和、自由地发展到什么程度，也就代表他发展到了何种程度。接下来的一切行为也就成为理所当然的了——孩子会控制他的身体，行动自如，也学会了小心谨慎。我们可以从孩子能够完全安静下来这一点看出，他已经能够做到专心了。孩子的专心程度往往比成人还强，然而我们绝对不要忘了孩子如何才能达到这一程度，也不要忘了环境在孩子成长道路上所扮演的角色。

我必须再度提醒读者，我并没有从一开始就制定出一套原则，然后依照这套理论来拟定我的教学方法。事实正好相反，我是透过观察自主权受到尊重的孩子才了解，一些内在的法则其实有其普遍的价值。这些孩子正是以他们的本能直觉，找到了通往力量之路。

创设适宜的儿童环境

我们应建立一个能够指引孩子、能够提供孩子锻炼能力的适当环境，允许老师暂时离开孩子。这样一个环境的设立，就是教育的一大进步。

环境对生物的重大影响，早已为生物科学所证实，进化论中的唯物论更指出，环境对物种繁衍和生物形态会产生戏剧性的影响，前者会使后者发生改变，甚或使其变异。我们当然无法讨论所有不同的理论，然而这一结论经由法国昆虫学家法布尔的研究确实得到了印证。法布尔借助对昆虫生存环境的研究，让人们对昆虫的成长过程有了新的认知。透过生物研究我们可以确认，除非能在生物的自然环境下进行观察研究，否则我们无法对其有透彻的了解。

当我们探讨人类和环境之间的关系时会发现，与其说是人去适应环境，不如说是人创造了一个环境来适应自己。人们身处在一个社会环境里，在这个社会环境中，有一些特别重要的精神力量在发生作用，它们构成了人们社交生活的人际关系。假如一个人不能在一个他所适应的环境里生活，他不但无法正常发展他的潜能，更无法学会了解自己。新式教育理论的中心思想之一，就是呼吁人们重视孩子社会本能的培养，并且鼓励孩子与同伴相处。

但是，现在的问题是，孩子根本找不到一个可以适应的环境，因为孩子生活在成人的世界里。这种生活环境上的偏差，对现代孩子人格的发展造成了相当的影响。举例来说，孩子身边东西的尺寸大小和他的身材比例相差悬殊，因此孩子对这些东西没有办法产生认同感，当然也就无法达成自然的发展。

环境的失调对孩子的重大影响，不单是因为尺寸大小的差异，还因为孩子在如此不协调的环境下，他的动作无法得心应手。就像一个技术高超、动作轻巧的杂耍者，一旦发现有人竟然想模仿他的动作，他一定会觉得这个人不自量力，因为在他的心中觉得根本就没有人可以模仿他的高超技艺。假如这个人居然还试着一步步地慢慢跟着他的动作做，他肯定会失去耐性。我们对孩子的态度是不是也如此呢？为此我想给每位妈妈一个忠告：让你那三、四岁大的孩子依照他们的喜好去行事，让他们自己梳洗，自己换穿衣服，自己吃东西。

倘若我们尝试在替孩子布置的环境里生活一天，我相信那一定会感到非常痛苦。我们所有的精力大概都会花在替自己的行为进行辩护上，然后整天嚷着同样的话：“不要管我，我不要！”我们最终可能还会哭出来，因为实在找不到任何其他维护自我的办法。然而，还是有很多妈妈向我抱怨：“我的孩子真难缠，他就是不肯睡觉，哄他午睡，他连眯一下眼都不肯，而且还整天把‘不要，不要’挂在嘴边。小孩子怎么可以一天到晚这样呢！”

但是，如果这些妈妈能在家里准备一个与孩子身材相符，能解放孩子的精力，同时又能配合孩子心理发展的环境，孩子就能获得充分的自由。这种做法实质上使我们向解决问题的方向迈进了一大步，从此孩子也就拥有了属于他自己的环境。

学校是专门为孩子建立的，因此学校里的桌椅和用具都应该依照孩子的身材和力气来制作，这样孩子才能够像我们在家移动家具一样，轻松地移动与使用它们。

以下是一些环境摆设的基本原则：家具必须要轻巧，摆设的位置要让孩子能够方便移动；照片要张贴在孩子的视线高度，让孩子能够轻易观看。这些原则适用于所有环绕在孩子四周的东西，从地毯到花瓶、盘子和其他类似物品。家里面的每一样东西都必须能让孩子自己使用，日常家务也要让孩子参与，比如扫地、吸地毯、自己穿衣服和梳洗等。在孩子四周的东西，应该让他觉得牢固而且看起来有吸引力，“儿童之家”应该是可爱又舒适的，因为只有当一所学校显得美观时，孩子才会乐于在里面活动和生活，就像大人知道一个环境优美的家，有助于家庭和谐融洽的道理一样。我们几乎可以肯定

让孩子学会处理日常生活中的小事，能帮助培养他们的自信和有条理地安排生活。

地说，环境的舒适美观与孩子的学习活动力有着必然的关联。在一个优美的环境中孩子主动探索与发现的意愿，要比在一个混乱不堪的环境下更强。

孩子对环境美丑的直觉是非常敏锐的。旧金山蒙台梭利学校的一个小女孩，有一天到公立学校去参观，她一进教室就立刻发现那儿的桌椅布满了灰尘。于是对那里的老师说："你知道为什么你的孩子都不愿打扫卫生，而宁愿让教室脏兮兮的吗？因为他们没有漂亮的抹布可以用。假如没有漂亮的抹布，我也不愿意去打扫的。"

孩子用的家具一定是要可以清洗的，这并不只是因为这样比较卫生，真正的理由在于，这些可以清洗的家具，提供了给孩子乐意去做的机会。孩子学会了注意环境，学着把污点洗干净，久而久之，孩子就会养成保持干净的好习惯，会把他身边的东西刷洗干净。

很多人经常建议我，在桌脚和椅脚下贴一层塑胶止滑垫，以此减少移动时的噪音。我倒觉得发出点噪音反而比较好，因为这样我们才知道自己的动作是不是太粗鲁了。孩子往往一动起来，就没有什么秩序可言，他们也不太懂得如何去控制自己的行为，这是因为孩子的肌肉还没有发展到可以控制自如的地步，这点和大人是不一样的。

在儿童之家里，孩子的每一个粗鲁动作都会被椅子和桌子发出的噪音"展现"出来，为此，孩子就会变得非常注意自己的身体动作。儿童之家里也会摆设一些易碎物，像玻璃、盘子、花瓶等。有的大人可能会质问我们："为什么？这些玻璃制品一旦到了三、四岁孩子手上，一定会被打碎的！"有这种想法的人，似乎把几片玻璃看得比孩子还重要。难道这类值不了多少钱的东西比孩子的身体训练还珍贵吗？

在一个真正属于孩子的环境中，孩子会尽力注意自己的举止，控制自己的行为。在这种环境中，孩子不需要外来的激励就能够改进自己的行为。我们可以从孩子的脸上看出他所充满的喜悦和骄傲，偶尔还会看到他那种无以名状的正经样儿，这说明孩子天生就能改进自己的行为，而且他们也喜欢如此。说真的，在一个三岁孩子的人生道路上有什么呢？唯有成长。我们一定要尽我们所能帮助孩子自我改进，这样孩子日后才能成为一个有用的人。换句话说，我们必须给孩子机会让他练习自己必须会做的事，因为发展就是靠不断地练习而来的。孩子喜欢洗手，这并不完全因为他觉得洗手很好玩，而是因为洗手让孩子觉得自己能够做到在生活中自己动手。这是他发展所有能力的根本所在。

在孩子正发展的生命中，在孩子借助于工作尽力让自己做得更好的时候，我们应该做些什么呢？大人往往费尽心力想要帮助孩子，却妨碍了他们的自然发展。就像许多学校把桌椅固定在地板上一样。没错，孩子的确好动，而且动作常常粗鲁不已，但是孩子从来不认为如果桌椅不固定的话，他们就会将之破坏。虽然把桌椅固定后看起来比较整齐，但是这样一来，孩子永远也无法让身体行动有秩序了。我们也许可以帮孩子准备一个铁碗或铁盘子，这样他在把碗盘摔到地上时也不会打破，但是这么做反而会让孩子像着了魔似的，更想把碗盘往地上丢。我们这样做只是用障眼法把问题隐藏了起来，但是这个孩子除了会继续犯错之外，这种人为限制也将成为阻碍他自然发展的绊脚石。一个想要自己动手做些事的孩子，是乐于合作且充满活力的。

通常当我们看到孩子遇到困难的时候，我们会立即介入，帮孩子完成他将要做的事。或许我们的脑子里有一个声音在说：“你想要自己梳洗，自己穿衣服？！别麻烦了，我就在这儿呀！我会帮你做任何你想要做的事情。”这个被我们剥夺了自主权的孩子会变得很难相处，我们会把他的行为当成是不乖，而我们却还以为帮孩子做事是为了孩子好。

我们应该想想看，在孩子生命中的前几年，他是怎么度过的。他被限制在家里，里面只有不能打破、不能弄脏的东西，孩子根本无法随意动弹，更没有机会练习控制身体，学习使用日常生活常用的东西。许多学习必要生活经验的机会就这样被剥夺了，孩子的生命也将因此而受到影响。

有些孩子好像没有人可以管得好。他们老是烦躁不安，闷闷不乐，每次都不愿意乖乖梳洗，他们的爸爸妈妈只好任由他们，从不加干涉。每个人都说这些爸爸妈妈真好又有耐心，可以每天容忍这样的孩子。然而这种做法真的就是对孩子好吗？如果果真如此，那人们未免误解了“好”的标准。

对孩子好并不等于去容忍孩子所犯的每一项错误，而是应该找出避免孩子犯错的方法。对孩子好，就是要尽可能地让孩子自然地生活与成长；对孩子好，就是尽可能供给孩子成长所需。我们应该认识到孩子其实十分弱小无力，他需要别人的帮助。只有这样才是对孩子好和爱孩子的表现。

当我们在属于孩子的环境里观察他们的行为反应时，我们发现，为了让自己把事情做得更好，他们总是自动自发地工作。我们不但可以从孩子选择的物品中看出，孩子的确处于一个合适的环境，也可以看到孩子借由使用这些物品，进而还发现了自己的错误。

我们应该为孩子做些什么呢？

什么也不必做。

我们已经努力提供了孩子的一切所需，现在必须要做的只是克制自己想要帮助孩子的冲动，静静地在一旁观察，跟孩子保持一段适当的距离，不要常去打扰他，也不要放任不管。当孩子在做一项在他看来非常重要的事情时，他会显得很沉静，而且自得其乐。除了在一旁观察之外，还有什么需要我们做的呢？这正是我成立蒙台梭利学校的源起。因为在蒙台梭利学校里，当老师被降为观察者的角色时，孩子反而能够自发地从事他们自己的活动，这一点和一般学校的教学正好相反。在一般学校中，老师一般采取主动的角色，孩子则停留在被动的位置。然而，孩子的成长与发展越好，老师就越应只是在旁观察。

这让我想到我们学校里发生的一件令人捧腹的事。有一次校工忘了把学校大门的锁打开，孩子因此没办法进学校，心情都不太好。老师最后对孩子说："你们可以从窗户进去，只有我进不去。"于是孩子一一从窗户爬进教室，老师则心甘情愿守在门外看着孩子们在里面玩。

因此，我们应建立一个能够指引孩子、提供孩子锻炼能力的适当环境，允许老师暂时离开孩子。这样一个环境的设立，就是教育的一大进步。

家庭中的儿童教育

我们不必在孩子面前充当完人，把每件事都做得十全十美；相反，我们有必要审视自己的缺点，虚心接受孩子公正的观察批评。有了这样的观念，当我们在孩子面前做了不该做的事时，也就能够原谅自己的错误。

到目前为止，我们已经明白，多数幼儿教育是以偏差的观念和先入为主的错误成见为基础，但是，今天已有许多人尝试将实际观察所得的正面看法公之于众。这些从各方面观察而设计出的教学法，已有许多获得了成功，似乎使幼教的方向发生了明显转变。任何现代教育方法在实施之前，都必须先观察孩子，通过不断试验总结而成。这些教育方法最终也应深入家庭，那时不但一个面貌全新的孩子将应运而生，做爸爸、妈妈的也会因此而脱胎换骨。

到目前为止，家长对孩子的主要教育方法不外乎纠正孩子的不当行为，教孩子分辨对与错。然而能够率先示范、以身作则的家长少之又少，他们大多以道德劝说和口头训诫为主，一旦这些都无效，便采用责骂和鞭打的劣行。诚然，在这个热爱和平、自由与平等的社会，除了父母亲之外，没有人更有权力用体罚的方式来教育孩子。

但是，这个体罚的权力，也让家长背负着双重的责任：一是在没有抵抗力量的孩子面前，家长必须展现他们的权威和说一不二的威严；二是家长必须在行为举止方面作为孩子的典范。家长非常了解，自己在孩子的成长道路上正扮演着决定性的角色，犹如一句谚语所言："那双推动摇篮的手，掌握着整个世界的未来。"然而，一个童年时只需靠练习和耐心便可顺利学会最简单工作的母亲，她是无法将那套办法应用于自己孩子的教育上的。而一个少年得志的父亲，也可能懒得去思考如何培养孩子的人格，因此也不会留心观察孩子。结果，无论是由于疏忽还是已经竭尽全力了，甚至或由于过去的经验太空洞而缺乏生趣，父母往往放弃了自己的重责大任。

而当一个纯真无邪的孩子降临之时，爸爸妈妈便开始相互指责对方的缺点。现在突然一下子要他们成为孩子模仿学习的模范，当然是一件困难的事。因为他们突然要面对一项新的义务——十全十美。教育子女，改正孩子的缺点，用惩罚的方式让孩子改正错误、取得进步，最重要的就是要通过父母自己的优良典范来教导孩子，这些都是加在他们身上的任务。由于日常生活的许多困难与矛盾，父母亲面对的情境我们在此无法仔细讨论。

首先让我们来看看"说谎"这个问题。当一位好妈妈最重要的责任之一，就是教育孩子养成诚实的习惯。一位和我熟识的妈妈为了教导她的小女儿绝对不能说谎，向小女孩描述了许多说谎的卑劣行为。同时也在小女孩面前赞美那些即使受到责难，牺牲一切也要坚持做正确的事的勇气和坚定意志。妈妈用尽心思想让孩子理解，一次小小的谎言到最后会让人犯下一连串错事的道理，好比一句谚语所说："说谎会让人失去理智。"她还特别对孩子强调，一个身处幸福家庭的人更应该维持尊严，为那些家境贫穷、没有办法得到良好教育的人树立典范。

可是她自己做得又如何呢？有一天，她的一位朋友在电话里邀请她去听音乐会，妈妈再声推脱说："啊！真不好意思，我头疼得厉害，实在没办法去。"她电话还没讲完，就听到隔壁房间传来一声尖叫。她赶紧冲过去，只见小女孩双手捂着脸，整个人跌坐在地上。“亲爱的，发生了什么事？”小女孩哭着回答：“妈妈说谎！”

小女孩对妈妈的信任就这样被彻底摧毁了，孩子和妈妈之间从此竖起了一道隔离的高墙。孩子对成人社交的看法产生了疑惑，社交在孩子心目中的神圣意义受到了亵渎。这位妈妈处心积虑，好不容易才让孩子习得诚实的习惯，而她却从未反省自己在日常生活中惯于说谎。

那些不厌其烦鼓励孩子养成诚实习惯的大人，往往把孩子包围在谎言里，而这些谎话不但不能算是“小谎”，还常是有预谋的，且都是用来欺骗孩子的。提到欺骗，让我联想到一则与圣诞节和圣诞老人有关的轶事。一位妈妈对骗孩子真的有圣诞老人存在的事觉得非常内疚，所以她决定向孩子说出事实的真相。孩子知道过去一直被骗后，失望至极，而且整整一个礼拜愁眉不展。孩子的妈妈在跟我说这件事的时候难过地流下了眼泪。

不过，这种情况不一定都会有这么严重的后果。比如，另一位妈妈也向她的小男孩说了类似的话，小男孩听了之后马上笑了出来，还跟他妈妈说：“哦！妈妈，我早就知道世界上没有圣诞老人了！”“可是你怎么从来没告诉我呢？”“因为你每次听后都很高兴呀！”在这一情境下，父母和孩子的角色整个是对调了。孩子是一个非常敏锐的观察家，他是出于对爸爸妈妈的同情，因此而顺从父母的心意以取悦他们。

很多爸爸妈妈认为，他们的孩子应该毫无异议地听父母亲的话，不过另一方面，爸爸妈妈也希望孩子能够非常爱他们。在这方面，孩子也常常成为爸爸妈妈的老师，因为孩子的思想是那么纯真，他们的正义感更是令人意想不到。

一天晚上，一位好心的妈妈要孩子上床睡觉。小男孩请求妈妈让他把已经做了一半的事完成后再去睡，但是这位妈妈一点也不肯做出让步。小男孩只得乖乖地上了床，可是过了一会儿他又爬起来想把事情做完。小男孩的妈妈发现孩子竟然背着她偷偷溜下床，狠狠地骂了小男孩一顿。小男孩对妈妈说："我没骗你啊，我跟你说过我想把事情做完的。"妈妈不想再和孩子说下去，就叫小男孩说对不起。可是这个小男孩还想继续和妈妈理论他并没有说谎，就像之前他向妈妈坚持说要把事情做完才去睡一样。小男孩解释说，他并没有欺骗任何人，因此不明白为什么他需要道歉。"好吧！"小男孩的妈妈接着说："我知道了，原来你一点也不爱妈妈！"小男孩回答："妈妈，我真的很爱你，只是我并没有做错事，为什么要道歉呢？"以上的对话让我们听起来孩子的谈吐才像大人，而这位妈妈反而像孩子般在无理取闹。

另外一个例子讲的是一位在基督教新教派中当牧师的爸爸，这位牧师的小女儿每个礼拜天都会到教堂里去帮忙。某一个礼拜天，牧师正在布道，主题是耶稣的同情心。牧师说：我们所有人都是兄弟姐妹，穷人和受苦难者也是耶稣的子民，如果我们希望获得永生，对穷人和苦难之人就必须呵护。牧师的小女儿被她爸爸的讲道深深感动。离开教堂后在回家的路上，牧师的小女儿看到路边有一个小女孩在乞讨，可怜的小女孩身上还有许多伤口。牧师的小女儿跑过去，爱怜地拥抱和亲吻了小女孩。牧师和他的太太简直吓坏了，一把抓回了他们穿戴整洁的漂亮小女儿，一边急急忙忙走开，一边责骂孩子的行为。回到家后，牧师太太赶紧帮小女孩洗了个澡，全身的衣服也重新换了个遍。其结果是，事情过后，小女孩再听她爸爸讲道时，就像听其他故事一样，已不再有什么特别的感觉了。

上面提及的轶事在日常生活中比比皆是，还有更多数不清的冲突源自父母与下一代之间，或者应该说是成人和孩子之间的不和谐。

大人自以为是的态度以及那些错误的不当行为，孩子其实都看在眼里。这些隐藏的冲突和矛盾，总有一天会引发孩子和父母之间的现实冲突。孩子和我们成人之间隔着一道鸿沟，无人能够跨越。在孩子和父母的冲突中，虽然取得胜利的一方通常是占强势者，但是爸爸妈妈依仗强权所取得的胜利，往往不太能让他们的小对手信服。因为大人的确做错了事，他们还采取高压的手段来制服孩子。他们强迫孩子服从，以保持自己在孩子面前的威严形象。为了达到唯父母独尊，爸爸妈妈命令孩子闭嘴，才确保了“和平”。然而，爸爸妈妈在赢得胜利的同时，也失去了孩子对他们原有的信任，并且连父母和孩子之间的自然情感和相互信赖也一道消失。

如此一来，孩子无法得到内心深处最需要的慰藉，孩子的人格发展将会产生一些不良反应。为了适应成人的不当行为，孩子会刻意压抑某些生理上的紧张反应，由此造成在日后生成各种疾病。这类伤害所引起的一些不良行为，甚至被视为孩子的特质，其实它是一种自我保护机制。例如，以害羞或故意说谎来掩饰不乖的行为，孩子的恐惧也和说谎一样，是由被迫屈服与顺从而引起的。这种情绪对孩子造成的伤害，要比其他情绪反应严重，因为它让孩子将想象与感觉混为一谈。这种情绪上的混淆，常发生在缺乏内在发展机会的孩子身上。

除了上述种种缺失外，我们还发现了一种被动模仿的弊病。孩子一味学样，与其说是一种自我改进与成长的方式，还不如说是通往堕落之路。因为进步是一种自我的内在工作，光看别人怎么做是无法进步的。孩子内心被压抑的期望，就像沉埋在地底的矿物一般，从此隐藏起来，孩子永远也无法估量它们的真正价值。这些欲念由于永远无法实现，也由于不曾有机会控制，更由于它时时存在心头，因此一点一点地吸引着孩子，并不断诱惑着他。

由于大人压制了孩子的自然冲动，也因而妨害了孩子做有用的事和发挥其精力的能力。换言之，在孩子按照自然法则发展的路途上，大人成了绊脚石。孩子在学习上也因此绕了许多冤枉路，陷入成百上千种毫无学习意义的物品、玩具里打转。原本拥有的克服困难的能力，也在不知不觉中受到影响，孩子只好认命似的顺从大人的指挥，所有事情已显得索然无味。

这样的孩子本来拥有童年之翼，但他们振翅欲飞的冲动却被折断了。孩子的想象力一旦接触不到他可能会感兴趣的东西，就会失去自觉，在物质世界漫无目的的寻找。由于缺乏实际的体验，孩子离真实世界越来越远，生活也变得不大正常，只能陷入无益的空想。

孩子弱小的灵魂仍会无时无刻不在抗争，以保护自已。然而孩子只能用躁动、任性、生气、哭闹和耍脾气等消极方式来反抗。孩子故意调皮捣蛋实际上是他们愤怒与故意反抗的另一种形式，由此耗掉的不是正当的精力，而是在贫乏的想象力下所表现出的恶言恶行及恼人的捣蛋行为。

除此之外，这些让老师束手无策、让人疲于管教的“小麻烦”，还可能成为其他孩子模仿的对象。而大人用来对付这些孩子的办法，就如同对付一个无视法律闯入圣地的敌人一样。

在这种和大人的对立冲突中，孩子的神经系统首先会受到伤害。如今许多医生开始了解，孩子情绪失调的首要原因，源于婴儿时期受到的压抑。孩子在婴儿期的一些征兆，例如，失眠、做噩梦、消化不良和口吃等，通常都是情绪失调的结果。

在孩子有这些不良表现后，爸爸妈妈会尽全力想办法治疗孩子的情绪疾病，努力改善孩子性格上的缺失。尽管为治疗他们对孩子所造成的疾病心力交瘁，然而这些伤害将伴随着孩子进入成年期。之所以酿成如此后果，是因为家长把对孩子的压迫误以为是爱的表现，因此忽略了孩子的真正需要。

我们一定要让孩子受压制的精神重获自由！只有这样，孩子身上的这些病症才有可能奇迹般地消失，至于剩下的那些不能治愈的疾病，则完全有可能是天生的。人性的缺点之一是很多人总觉得需要有一个权威，来教大家怎么做才是对的，以指引人们走入正途。

当我们克服了以上的毛病后，也要防止走入另一极端。虽然年轻一代的父母亲都能够让天真、纯洁的孩子自由发展，但是爸爸妈妈千万不能将教育的自由片面地理解成不该改正孩子的缺失。如果爸爸妈妈这么做，将会使孩子受到忽视，大部分孩子会因此而产生情绪上的毛病。在这里我无意制定出新的原则，只是归纳出一些结论。然而，在应用这些结论之前，我们必须思考真正发生在孩子身上的问题是什么，然后斟酌该怎么做，这样才能满足孩子心理上的需要。

现在的妈妈在照顾孩子身体健康的知识与技巧方面，和以往一样纯熟。她们知道营养均衡的重要性，懂得如何让孩子适应环境，她们也了解孩子在新鲜的空气中玩耍有助于肺部吸收更多的氧。可是孩子并不是一只仅需要喂养的小动物，孩子打从一出生起就具有了精神灵魂。如果我们真正为孩子的福祉着想，那对他们只有身体上的照料是不够的，我们还需要为其精神发展开路。从孩子出生的第一天起，我们就应该尊重他的精神冲动，并且寻求如何帮他们的想法。

在如何照顾孩子的身体健康方面有明确的准则可循，但是在精神健康方面，其原则所包含的范围就很广了，而且至今有许多仍尚未为人所知。我们可以确定的只是，孩子需要的绝对不只是吃的东西而已。孩子在不受大人的干扰下，自己完成一件事以后的那种高兴的表情，就是在向我们宣告他丰富内在潜能的需要。我们应该引导孩子，创造机会让孩子开发其潜能，而不应阻碍他的活动。

现在的玩具大多都缺乏刺激孩子精神发展的功能，我相信这类玩具在消费市场上终将被淘汰。让我们一起来看看过去几年中玩具市场上的变化。制造业者不断加大玩具的尺码，他们把娃娃做得几乎和真的小女孩一般高，和娃娃相关的产品，例如床、衣橱、炉子等，也跟着变大了。但是小女孩并不喜爱这样的玩具。

我们必须让孩子生活在一个他们能够自己把握的生活环境中。一个属于孩子的小盥洗台，几把小椅子，一个孩子能打得开抽屉的柜子，一些孩子能够使用的日常用具，一张晚上睡觉用的小床，和一床孩子可以自己叠放的漂亮毯子。我们必须让孩子生活在一个既能居住也能玩乐的环境之中。我们会看到孩子在这样的环境中，双手整天忙个不停，夜里只想赶快换上睡衣，然后爬上自己的床乖乖躺好睡觉。孩子也会自己清理家具，自己穿衣服，还会养成健康的饮食习惯，自己照顾自己。孩子整个人变得安静又有礼貌，不哭不闹，也不顽皮捣蛋，真是一个友爱而顺从的“乖孩子”。

跟宝贝一起看书，要等他／她看完书上的图片，再往后翻，这样能培养孩子集中注意力。

新式教育不仅提供了一个适合孩子发展的环境，而且注意到了孩子喜欢自己工作，并有很强的秩序感。新式教育更强调对孩子进行生活观察的必要，希望能在孩子的精神开展之前，察觉到孩子的需要。新式教育期望通过我们对人体保健已知的知识，将这些知识妥善运用于新式教育，以获得新的进步。对我们来说，孩子们心理上的健全发展是最为重要的，这是新式教育的基础。

接下来我将列举出几项原则，希望妈妈们能在此基础上寻求出最适合孩子的方法。

尊重孩子正在进行的所有合理活动，并试图了解他们的活动目的，这是首要的原则。

孩子的内在潜力，是促使他在各方面进行努力的动力。问题是，我们经常对孩子在生活中所表现出来的潜能视而不见。当谈到孩子的活动时，我们脑子里浮现的只是孩子曾经被我们观察到的某项特定行为，我们之所以能观察到，也许只是因为他的这一行为引起了我们的特别注意。浮现在我们脑子里的，也可能是孩子让我们领教过的调皮捣蛋之举，或者是孩子受不了一再被压抑终于爆发的心理偏差。其实，孩子活动的真正征兆并不是非常显而易见的。我们一定要相信孩子拥有善良的本质，然后用充满爱心的关怀，以发现孩子善良的本质。只有这样，我们才能逐渐对孩子做出正确的评量。如果爸爸妈妈希望自己对孩子的自然行为有一定程度了解，就应该按照以上建议，做好发现孩子善良一面的准备。

以下是我在孩子身上观察到的一些情形。

让我先把焦点放在一个三个月大、刚刚才从生命开端出发的女婴。我观察到婴儿发现自己双手的过程。小女婴竭尽所能想要更仔细观看她的手，可是她的手臂太短了，需要费力地移动双眼才看得到自己的手。虽然小女婴的身边有很多可以看的东西，但她最感兴趣的还是自己的手。小女婴的努力属于一种本能的表现，一种为了满足内在需求而甘愿牺牲舒适的表现。

稍后，我拿了一些东西让她触摸玩耍。可是小女婴却显得心不在焉，她对我给的东西显然一点兴趣也没有。她张开小手，看也没看就让东西从手上掉了下来。然而从那时候开始，她每一次试着要抓住什么东西的时候，脸上总会显现出灿烂的表情，不管她想抓住的东西离她很远还是很近，也不管她抓到了没有。小女婴满是疑惑地看着自己的手，她的表情好像在说："咦！为什么有时候我可以把东西抓住，有时候却不行？"对手的使用过程明显吸引了小女婴的注意力。当小婴孩长到六个月大的时候，我给了她一个装有银色铃铛的玩具摇铃。我把摇铃放在她手里，教她怎么样才能摇出声音。玩了几分钟以后，她就把摇铃丢在了地上。我从地上把摇铃捡起来，重新放回她的手里，可是她又将它丢了下来。我们俩就这样你丢我捡地重复了好几次。

这孩子好像故意把响铃丢到地上，好让人帮她立刻捡回来似的。有一天，当小女孩手里又拿着响铃的时候，她不像以往一样把手全部打开让响铃掉到地上，而是先放开一只手指，再放开另一只手指，然后再放开另一只，一直到最后五个指全打开，响铃才掉到了地上。此时，孩子目不转睛地看着自己的五个手指。她一边反复做着一根一根张开手指的动作，一边继续观察着自己的手指。很明显，小女孩感兴趣的并非玩具响铃，而是整个手指的游戏，是那些知道怎么抓住东西的手指让她觉得有趣，而正是她对手指所做的观察让小婴孩感到快乐。想想看，在她此前更小的时候，为了看到自己的手，她还只是很不舒服地移动双眼，现在她居然研究起手的作用了。小婴儿的妈妈在这方面表现得十分明智，她克制了自己，不去把摇铃收起来。她加入到孩子的游戏中，理解孩子一再重复的游戏举动对孩子的成长发展有极重要的帮助。

这个事例向我们表明了孩子在生命早期的简单需要。倘若人们没有注意到小婴孩对手的好奇心，也许她的手会被戴上护手套，这就会妨碍她想要看手的欲望。小婴孩的爸爸妈妈也可能因为孩子一直把摇铃丢到地上，就干脆把摇铃拿开，那么我们上例中观察到的所有事情就不可能发生了。而这种帮助小婴儿智能发展的最好、最自然的方式，就有可能被压制住。原本正在享受发现新事物中得到快乐的孩子，可能会因为她的发现游戏被中断而哭闹起来。此时，爸爸妈妈可能会觉得孩子似乎哭得一点道理也没有，一堵充满误解的高墙也便从婴儿期开始，竖立于我们和孩子幼小的心灵之间。

或许有很多人怀疑，在如此幼小的孩子身上，是否有一个内在生命的存在。如果这些人希望了解孩子的需要，希望认识到这些需要对生命发展的重要性，他们就必须去试图了解幼小心灵的独特语言，尊重孩子的发展自由，包括帮助孩子培养这些能力。

下面这个例子和一个一岁大的男孩有关。有一天，小男孩正看着妈妈在他出生之前所画的一些图画。小男孩特别喜欢看那些画中有小孩的图，而且还会亲亲画上的小孩。小男孩也懂得分辨花的图样，他会把鼻子靠在上面，好像在闻花香的样子。小男孩看到孩子和花所做出的不同行为反应，清楚地显示出他知道这两者的不同。旁人看到小男孩做出这些动作，觉得他真是可爱极了，纷纷笑着拿起其他东西学小男孩又亲又闻的动作。在这些人的眼里，小男孩看到孩子和花的行为反应好像只是一件好笑的事，并没有什么意义。他们拿蜡笔给小男孩闻，送上枕头要小男孩亲。小男孩脸上原本智慧的表情，转而被困惑所取代。在此之前，小男孩还因为自己能够分辨图画里的东西，高兴得全身都充满了快乐，这种分辨能力对孩子的智力发展是非常重要的里程碑。但是现在面对成人残忍的挑衅与干扰，孩子已实在无力招架。小男孩最后只得黑白不分，每样东西都闻都亲，旁边的人笑，他也跟着笑，孩子独立发展的道路因而受到钳制。

我们是否经常像那些对待小男孩的人一样，做出了错误的事却毫不知情。大人抑制了孩子自然的行为反应，常常把孩子弄得不知如何是好，然而当孩子最后无助地流泪时，大人反而觉得这孩子怎么“无缘无故”地就哭。我们不曾关心孩子为什么哭，正如我们从来不曾注意孩子因精神得到满足所露出的快乐微笑一样。这种情形在婴孩生命之初感觉最脆弱的时候，在孩子开始感受人际交流的时候，就已经发生了。孩子和成人的情感拉锯战，也从这个时候起正式展开。

如果我们把孩子放入摇篮，轻轻摇他，孩子就会入睡。我们不应该讨厌哭闹求助的小心灵，但如果孩子仍体力充沛，我们应立刻知道他需要的睡眠不多。他的眼神明亮、聪慧，表现出想和人交往的神情。他需要帮忙，也会投向任何帮助他的人。有人常说小孩子喜爱妈妈奶水充足的乳房，更胜于爱妈妈个人，这句话似乎意指日后孩子会对任何给他好东西的人表示好感。实际上，这种说法并不公正，应该说早在生命开启之初，孩子就会自然地亲近任何能够帮助他精神发展的人。

我们都知道，孩子希望大人的陪伴，而且千方百计想成为大人生活中的一部分。虽然只是和家人坐在餐桌前一起用餐，或者只是和家人在火炉旁取暖，孩子也会感到心满意足。人和人之间的轻言细语是最悦耳的天籁，也是自然界赋予我们学习语言的方法。

第二条原则是：我们必须尽可能支持孩子活动的意愿，培养孩子独立的个性，不让孩子养成依赖的习惯。

到目前为止，孩子开口说的第一个字和孩子跨脚迈开的第一步，是我们所看得到的，而且几乎是儿童成长道路上极具象征意义的里程碑，也是孩子进步的最初证据。第一个字开启了语言的发展，第一步则证明了孩子直立行走的能力。因此，这两方面对每一个家庭来讲都是意义非凡的大事，当这些事发生的时候，聪明的妈妈还会特别把它们记录下来。

学会走路、说话，是很不容易的事。孩子需要不断努力，那短小的双脚才能站立起来，那大头小身躯的身体才能维持平衡。就连孩子说的第一个字，也是一种相当复杂的表达方式。会说话、会走路，当然不是孩子最先学会的两件事，说话和走路只不过是两个最明显的发展阶段而已。在这之前，孩子的智能和平衡感早已经发展到一定阶段，这一阶段是孩子在学会说、学会走之前的必经之路，值得我们倾注所有的注意和观察。

固然，孩子会自然而然地成长，但是只有在孩子能够获得充分练习的条件下，这句话才称得上完全正确。如果孩子在成长过程中缺乏练习的机会，他的智能发展就会停留在较低的程度。我认为，那些从婴儿期开始便受到支持与引导的孩子，其发育要比其他孩子良好。

那些一点也不关心小孩的妈妈，会从孩子断奶起，就粗鲁地把饭一口接一口地塞进孩子嘴里。倘若我们能在孩子吃饭的时候，和孩子一起坐在他的小桌子前慢慢吃，我们会很欣喜地发现孩子会拿汤匙自己放进嘴巴！

孩子学会自己吃饭是妈妈的一大功劳，因为在这期间妈妈得付出很大的爱心和耐心。妈妈必须同时喂养孩子的身体与精神，而孩子的精神需求更重于身体需要。妈妈的一些育儿观念，例如对清洁卫生的注意，当然也是十分重要的事项，但是与精神上的滋养相比，清洁卫生则成了次要项目。孩子刚开始学着自己吃饭，还不太懂得握汤匙、拿筷子，肯定会弄脏自己。妈妈这时候应牺牲干净原则，让孩子自己动手的合理冲动得到满足。实际上，随着生理与精神的不断发展，孩子的动作将更趋纯熟，他也不会再把自己弄得脏兮兮的了。吃东西时能够保持整洁，这说明孩子在发展上取得了实质性进步，也是孩子精神发展上的一大福音。

从一个孩子能持续做多少次这样的行为，我们可以看出他的意志力如何。早在孩子会说话、甚至走路之前——大概 1 岁左右——孩子的行为动作就仿佛心里有一个声音在指引着他。孩子会突然想要试着自己用汤匙吃东西，可是他这时候还没有办法成功地把食物送到嘴里。即使肚子饿，他也不愿别人帮忙。只有等孩子自己动手的需求满足了，他才会让妈妈喂他吃。也许孩子会弄得脏兮兮的，但他的脸上还是充满愉快的神情。此时，孩子想要自己动手的念头已经得到满足，所以他会乐意把什么东西都吃下去。以这种方式教导的孩子，在 1 岁左右便学会了自己动手、自己吃东西，令人刮目相看。虽然孩子这时候还不知道怎么开口说，但是他完全听得懂别人跟他讲的话，也会用动作来加以回应。

孩子的一些动作让人感受到已然开化的智慧。我们说："把手洗一洗！"孩子会去洗手。当我们请孩子把地上的东西捡起来，或者把脏东西擦掉，孩子同样会去照着做，而且每件事都做得很认真投入。

有一次，我和一个将近一岁的小男孩结伴到乡下去。由于他才刚刚学会走，所以当我们走在一条石子路上时，我不禁想要去牵他的手。但是我强迫自己打消了这个念头，改以口头提醒的方式告诉他："走另外一边！""小心这儿有块石头哦！""这边要小心走！"小男孩非常认真地听着我的提醒，一步一步小心地走路。他不但没有跌倒，还走得很好。我说一句，他走一步，我轻声地说，他认真地听。小男孩对这个我说他做的有意义活动兴趣盎然，走得不亦乐乎。用这样的方式来教导孩子，是每一位妈妈真正需要履行的责任。

如果我们只是一味地给孩子一些对其成长没有多大用处的东西，这对孩子并无真正的帮助。唯有配合孩子的精神发展，才能使他得到最大的助益。此外，了解孩子的天性和尊重孩子的本能活动，也是两项有意义的工作。

第三项原则是，我们必须时时警觉和孩子之间的相处之道，因为孩子的感情——特别是对外来的影响，比我们想象的还要细腻敏感。

倘若我们既没有足够的经验，又缺乏应有的爱心去分辨孩子在生活中流露出的细致情感；倘若我们不懂得如何去尊重孩子，那么我们通常只有在孩子激烈表示的时候才会察觉到。但是我们的帮助为时已晚。孩子会有这些激励的行为，完全是因为我们疏忽了他的某些需要，所以孩子才会哭闹，而我们这时候再匆匆忙忙地赶去安慰孩子，似乎有些本末倒置。

然而，有些家长持着另外一种育儿原则，他们从经验中得知，孩子哭闹一阵以后会自己安静下来，所以他们通常对孩子的眼泪不为所动，也不会想着去安慰孩子。这些家长认为，如果孩子一哭我们就去安慰他，不但会把孩子宠坏，还会让孩子养成用眼泪引起大人注意的坏习惯，爸爸妈妈就会变成这些被宠坏孩子的奴隶。

我有必要就此看法做一个回应，那就是孩子看似无理取闹的眼泪，在孩子习于我们的爱抚前就开始，而它们其实都是孩子内心挣扎不安的表现。为了内在的建构，孩子需要充分的歇息，更需要一个平和不变，能让他觉得安心的环境。可是，大人却反过来一再蛮横加以干预。我们一股脑灌输一些东西在孩子身上，速度快得孩子根本来不及消化吸收，以致孩子像饿过了头或吃得太撑似的放声大哭，觉得消化不良。

我们应该试着让孩子自己擦干眼泪，也应该尽可能去安慰他，可是我们经常忽略了孩子的真正所需。虽然孩子眼泪背后的原因是如此难以捉摸，但它却是所有问题的答案所在。

海伦是一个还不满 1 岁的小女孩，她常常用西班牙加泰隆尼亚方言“不怕”（pupa）这个字，来代表“不好”（bad）的意思。海伦通常都是因为有什么原因，她才会哭。她对环绕在周围的事物非常好奇。我们发现，每次她经历一些不太开心的事，例如撞到东西、觉得冷了、碰到凉凉的大理石板，或是手摸到粗粗的东西，她就会说“不怕”（pupa）这个词。当她伸出被撞疼的小手给人看时，大家都会说几句安慰的话，或是亲亲她手指受伤的地方。海伦很注意观察大家对她的及时关心，然后她会说：“不怕，不！”（pupa，no！）好像是在告诉你：“我觉得好多了，你不用再安慰我了。”通过如此互动，海伦不仅能够表达她的感受，也懂得体谅身边其他人所付出的关怀。她绝不是一个被宠坏的孩子，因为没有人给海伦任何无谓的拥抱，或是太多的安慰。但是通过直接关心孩子的感受，我们不仅帮助孩子清楚地观察人与人之间的互动，也帮助孩子发展其社交本能。因此我们这么做，等于是在帮助孩子汲取生活社交上的第一经验，孩子细微纯真的敏锐情感天赋也因而得以顺利发展。每当孩子告诉我们哪件事让他觉得不快乐时，我们绝对不会跟孩子说：“没关系，不要紧。”我们会接受孩子不愉快的感觉，轻声给予安慰，但也尽量不要去渲染孩子遭遇到的不愉快。

孩子觉得不愉快、心里不高兴，大人在此时告诉他没关系、不要紧，这样很容易使孩子在情绪上产生共鸣，不但能起到鼓舞孩子面对情绪经验的效果，同时也可以引导孩子排解自己的情绪。我们绝对不能否定孩子的感受，对孩子的情绪视而不见。当然在另一方面，最好也不要对孩子的情绪做太多的议论，或者在孩子的感受上大做文章。一句轻柔关爱的话是孩子唯一需要的安慰。得到适时的安慰和关爱以后，孩子得以继续对周围事物的观察，不受影响地自由体验生活，孩子的身体发展也会因此而获益良多。

小海伦不是一个动不动就哭的孩子。如果有不好的事情发生在她身上，海伦会自己反复地说“不怕”这个词，然后希望有人来安慰她。有一次海伦病了，她一直对妈妈说：“不怕，不”，好像在安慰自己似的。与其他同年龄的孩子比起来，海伦身体不舒服时其忍受能力真是惊人，她不但懂得调适自己的情绪感受，还能像成人般把烦闷与不适抛开。

看到其他人受苦，孩子通常也会跟着哭得很伤心。海伦和劳伦斯这两个小孩都是这样，他们的情绪很容易被感染。比如说有人假装打了护士一下，或者爸爸装势要打他们的一位玩伴，海伦和劳伦斯马上就会哭出声来。如果有人心情不好，或是为了某件事伤心哭泣，海伦会立刻到这个人身边温柔地亲亲他。然后，海伦会用一种自信的语气说：“不怕，不”，来表示“不要怕，一切都没事了，我们别再提了！”海伦虽然还不太会说话，但是她的语气是如此明白、坚定！倘若换成劳伦斯的话，他则表现得更加积极。如果他的爸爸做错事，劳伦斯会勇气十足地数落爸爸的不是。假如爸爸做出一些粗鲁的举动，或者推撞到劳伦斯，劳伦斯是不会哭的，他会站到爸爸面前，用很严肃的表情看着爸爸，然后用责备的语气喊：“爸爸，爸爸！”意思是说：“你不可以这样对我！”

有一天，劳伦斯躺在床上想要睡觉了，他爸爸在另一个房间里大声和别人讲话。劳伦斯从床上坐起来，大声喊道：“爸爸！”听到了这个警告，爸爸赶紧把音量降低，劳伦斯也就满意地伸伸懒腰，继续他的美梦去了。

我还记得海伦稍大点，大约 3 岁的时候，曾经有这么一件事。那时候海伦的阿姨拿了一些“儿童之家”教材中的色板给海伦看，其中一块色板被阿姨不小心掉到地上打破了，她的阿姨趁机把握住这个机会教育，对海伦说：“你看，一定要很小心！”“而且要很注意，”海伦接着对阿姨说，“还不能让它掉到地上哦！”孩子就是这样，有什么就说什么，他们会批评、责备大人的不是，唯有当大人说出为什么这么做的理由时，孩子的正义感才得以平息。

我们不必在孩子面前充当完人，期望每件事都做得十全十美。相反，我们有必要审视自己的缺点，虚心接受孩子公正的观察批评。有了这样的观念，当我们在孩子面前做了不该做的事时，也就能够原谅自己的错误。

新时代老师

一位真正理解了教学之道的老师，才更懂得用比强迫压制更有效的办法来引导孩子走入正轨。毫无疑问，这有赖于随时观察以及持续付出努力。

蒙台梭利教育体系的基本方针，在于利用各种不同的感官教具，唤醒孩子的安全感。而且这些教具并没有绝对的价值。它们的效用多寡，全看老师用什么方式将这些东西呈现给孩子。因此，老师必须懂得选用最有成效的方法，让孩子对这些教具产生兴趣，想要去使用它。现在我们探讨一下在课程或教学当中，如何将教具呈现在孩子面前以及如何引导孩子使用这些教具的特殊技巧。

研习过蒙台梭利教学法的人，大多对每一种教学方法都很感兴趣。他们发现，如果将蒙台梭利的教学课程和一般传统教学课程做个比较，会形成非常有趣的对照。

在蒙台梭利教学法中，活动的主要部分由孩子主导。一旦孩子达到一定的年纪，能够做出具有行为意义的举动时，就可以主动地反复练习一些身体的动作，这些练习涉及推理过程，孩子便以此继续他的自我教育。孩子在这样的原则下所完成的学习工作，是完全独立自发的学习，老师完全不介入。

老师的工作仅限于提供教材用具，至多示范教具的使用方法，之后，就让孩子自己展开他的学习之路。因为蒙台梭利的教学宗旨志在引领、开发孩子的精神力量，而非一味地把知识灌输给孩子。

很多老师问我，光是用温和及鼓励的方式把教具呈现给孩子，就已经足够了吗？我的回答是：当然不够。在孩子的自我学习过程中，教具的操作方法是最重要的一环。老师需要一而再、再而三地示范教具的操作，因为孩子对他身边的一些东西常常不太在意，即便注意到了，大概也猜不到这些东西的用法。所以，老师得随时准备做示范。以西式餐具为例，西方人都很清楚餐桌上刀叉的用法，但是如果换成一个不懂得用刀拿叉的东方人，他在餐桌上可能会觉得很有趣，也许还会把刀叉拿起来舞弄一番，只因为他从来未曾见过任何人使用刀叉吃饭。

所以说，老师在教学中需要持续做示范。例如，将方形积木依体积大小堆高；用积木叠成高塔，然后再把它拆除；把圆柱体从嵌孔中取出混在一起，再让孩子根据形状大小放回原来的嵌孔里，或者把嵌孔和圆柱体分别放置在两个地方，依视觉判断嵌孔的大小，再凭记忆一一将圆柱体放入嵌孔中。

这样的教学看起来可能很奇怪，因为一般人的观念认为上课就是老师讲、学生听，可是这种不用言语的教学引导才是真正的“学习课程”。它让孩子亲眼看到该怎么坐、怎么站、怎么拿盘子才不会打翻放在上面的水杯，以及怎么样做出轻巧稳重的动作。

这些都算是教学吗？当然算，即便静默本身也是一项教学。借着这样的练习，我们可以教导孩子安静坐好，并让孩子习惯在有人轻声叫唤他之前，保持安坐的姿势。我们引导孩子将他的注意力集中在他自己身体上，并且鼓励孩子学习控制身体的动作。老师不以言语鼓励静默，而是以沉静的神态肯定孩子的表现。“静默游戏”可以说是蒙台梭利教学法的代表。我们将此方法运用在每一项教学上，即使是那些人们认为不说就没办法懂的事也不例外。

在蒙台梭利学校里，教导孩子的是环境本身。老师只是让孩子和环境直接互动，示范引导孩子该怎么使用其中的各类教具。这样的学习方法，如果运用在其他教学法里，是绝对不可能成功的。我们只会听见老师不断地大喊："安静！""不要动来动去。"这些就是所谓的教学用语吗？我们不相信这种命令式教学能收到多大成效。

我们相信教育应该是寻求适当的方法，在孩子不知不觉中引导他们自然的学习活动。蒙台梭利教学法的成功，就在于它可以让孩子自动自发地操作学习，从认真地学习新技能的态度里得到肯定。服从命令必须以完备的人格为前提。

换句话说，孩子必须具备我们所期望的反应能力，因为必须靠他自身的练习才能做到，而不是凭我们的命令就可奏效。我们常常听见教钢琴的老师对学生说："手指的姿势摆好一点！"却没教学生手指该怎么摆才算好。于是学生的手指姿势还是摆不好，钢琴老师再一次重复刚才的话，学生的姿势照样做不好。

当我们命令孩子做一件事之前，必须想到一个重要的前提，那就是孩子的心智发展需要达到一定的成熟度，才有可能遵照大人的指示，完成要他做的事。孩子会自己依令行事，并且会小心翼翼地进行。从教学角度来说，所有的口语指导应该出现在教学的后半段，因为孩子在内在秩序达到一定程度之前，要引导他是不可能的。当然，语言也不能不教，但必须考虑孩子的词汇及使用词汇的方法。

缺乏教学经验的老师，通常会把教育的职责重点放在"教"上面。他们觉得只要自己采取有意义的方法，去示范教具的使用方法，他们就已经完成了老师该做的工作。实际上，这样的想法与事实大相径庭，因为一个老师的职责远比这更重要。由于老师有责任引导孩子的精神发展，因此在观察孩子时，他们不能仅限于了解他们。老师的观察最终应当辅助孩子的能力呈现出来，而这也是观察的唯一目的所在。

身为一位新时代的老师，并不是一件容易的事。在此，我只能努力提供每一项能够对老师有所助益的教学原则。首先，一位新时代的老师必须懂得分辨孩子的注意力之所在。当孩子集中注意力于工作上时，老师一定要尊重孩子，千万不要在一旁纠正或是突然给予赞美，这样反而打扰了孩子。

少数老师对于上述原则似乎只是一知半解，他们的做法是把教具发下去给孩子，然后就默默地退到一旁，不管发生什么事。这种教学方法只会造成一种结果：整个教室闹翻天。我们所谓的不干预孩子的学习、尊重孩子的活动，必须在孩子本质上的发展臻于成熟之后，才能得以施行。

也就是说，孩子必须已经具有了充分的自我专注能力。当他对某件事显现出兴趣时（单有好奇心是不够的），他便能够自己沉浸其中了。如果孩子胡乱发泄他的精力，老师仍不闻不问，这样的尊重可就差之千里了。有一次，

在正确的时间、以正确的方式帮助孩子，他们将愉快地发现，用这些字母可以拼写出很多的词语。

我目睹了整个班级的孩子用完全错误的方法操作教具，教室里也毫无秩序可言，而老师一句话也没说，只是在教室里走来走去，沉默的像一具埃及狮身人面像一般。我跟这位老师说，干脆让孩子到外面玩，也许还比在教室里好一些。

当我经过一个孩子身边时，他正小声地在另一个孩子耳朵旁说悄悄话。我问他："你在干吗？""我小声地讲，才不会打扰到他啊！"

这位老师犯了一个非常严重的错误：他不敢干扰孩子的失控，却又不试着去建立秩序，好让孩子的个别工作可以顺利进行。

一位老师一次向我陈述他的观察，他说："你要求我们用尊重一位科学家或艺术家的心态，去尊重孩子专注的学习操作，但你为什么又说如果孩子把教具当成玩具玩，而不是用来操作时，我们就应该介入其中？"

"我是这么说过，"我回答他，"我对孩子智能活动的尊重程度，就像尊重艺术家的灵感巧思一般，甚至有过之而无不及。如果我到了一位艺术家的工作室，却发现他在抽烟、玩牌，我当然不怕打扰他，还会对他说：'喂！我的朋友，你在忙些什么啊？'因为他正在做的事无须太费神，'放下你的画笔，让我们一起散散步，享受一下阳光吧！'"

蒙台梭利教学法里所指的尊重，绝对不是连孩子的缺失或肤浅的表面现象也一并包容。尊重在本质上必须有以下几项基本原则：能够察觉出孩子不同的体能状况；鼓励孩子发展对其身心健康有益的行为，打消其他不好的念头。因为它们既无建设性，对孩子的发展也没有什么贡献，只会让孩子的精力用错地方，伤害孩子的发展。

不单是老师必须牢记这些原则，做母亲的也需要谨记在心。

老师固然可以不厌其烦地提醒孩子，也可以严声厉气地指正孩子错误的行为。但是，一位真正理解了教学之道的老师，才更懂得用比强迫压制更有效的办法来引导孩子走入正轨。毫无疑问，这有赖于随时的观察以及持续的付出努力，老师必须随时留心孩子的状况，谨慎地安排学习环境。这比起命令和告诫，以上方法简单多了！但是方法虽然简单，却不是一件容易的工作，还得要有无尽的爱心和洞察能力才行。

老师维持孩子的学习环境，必须像家庭主妇把家里弄得美观温馨一般。但是光这样还不够，还需要了解孩子的一举一动，更需负起教育孩子的职责。多用点心力、多观察孩子，做老师的才会对其工作有一个清晰的概念。一个孩子能否步入轨道、能否取得进展和成就，常常有赖于老师观察入微的能力。唯有真的去做，才能收到令人满意的成效。

让我举个例子，一个看起来不怎么起眼的错误，可能造成意想不到的后果。假想在一个装潢好的屋子里，房主把洗脸盆拿来当装煤炭的盆子用，他们当然就没办法用洗脸盆来梳洗，他们的房子和家具也会因此而脏乱不堪。只因为这些人不懂得有效利用卫生设施这样一个小小的错误，结果便只得生活在脏乱难受的环境里。他们期望很高，却一无所得，生活失去秩序，还造成了混乱。

老师是否具备应有的能力，取决于他是否能谨慎运用蒙台梭利教学法的基本原则。如果一位老师能够认同蒙台梭利的教学观点，他将会从中发现一些克服教学困难的必知要领，也会达到极佳的教学效果。

虽然说懂得克服小过失、小困难，并不一定能让人达到完美的境界，然而那种知道自己有能力克服缺失，而且能够度过困境的精神感受，还是具有振奋人心的效果，进而能促成一股鼓舞人心的力量。正是这种力量，让生活中的许多小困难显得那样微不足道，这也是任何寻求完美的不二法门，就算是寻求道德上的完美也不例外。

我们一定要帮助孩子摆脱各种缺点，但又不要让他觉察到自己的不足。

教育的问题应首先针对成人

是成人剥夺了孩子旺盛的精力，粉碎了孩子独特的个性。成人急切地去纠正孩子的错误、平息孩子心理上的缺失、弥补孩子性格上的缺陷，殊不知孩子的这一切都是成人自己造成的。

现今，教育不只被视为一门技艺，而是社会科学这个大领域中最重要的一门研究。人类的进步发展，除了靠那些改善外在环境的科学外，最立竿见影的，还是借助直接针对发展中的人——儿童需要的科学。不只是科学家和教育学者对和教育有关的研究发现兴趣浓厚，为人父母者以及社会大众也表现出同样的关切。现代教育理念有两项众所周知的主要原则，第一是了解、培养孩子个人的特质，了解每个孩子的本性，并透过孩子特有的人格特质来引导他，第二项原则关乎解放孩子的必要。

虽然教育科学已经解开了无数教育上的难题，但是要实现现代教育的宗旨，还是遇到了不少难以克服的障碍。在教育研究里，“问题”这个词，常常被用来当作研究的主题，例如人们常提到“学校问题”、“解放问题”、“兴趣和能力问题”等。但在其他科学研究方面却不是如此，而是用“原理”这个词。例如，“光辐射原理”、“地心引力原理”等。一般来说，在科学的研究领域中，问题多半产生于不明确和外围的部分，科学的核心则包括发现和问题的解决。但在具有实验性质的现代教育方面，不去正视重要的问题，就等于背离了科学的真义。纵使有人说："我已把教育的问题全都解决了，在人类精神方面我已得出了许多新发现，于是我将教育置于明确、单纯的境地。"对于这一论调，科学家是无一人会相信的。在人类社会，有一股无形压力，逼使人们不得不去适应一些令人无法想象的事，也必须要去适应那些为了社会安定的礼教束缚。为此，个人必须或多或少牺牲一些自我。我们的儿童也是如此，在学习的义务下他们似乎不得不有所牺牲，不管我们多么希望孩子能够快乐地享受学习的乐趣，他必须努力学习，但又不能把自己弄得疲惫不堪。我们一方面希望孩子能够自由自在，一方面却又要求孩子服从。这些理想和现实之间的矛盾冲突，引发了许多教育上的问题，所谓教育科学的改革尝试，到头来变成了大人遥想孩子未来命运的声声叹息。所有现代学校的教育改革，其本意都是为了缓和教学沉疴所造成的伤害。例如，重新修改课程和教育制度，体能运动和休息时间的必要存在等。然而这些改变的补救方案，并未真正达到使孩子自由发展的效果。

无论如何，针对教育问题的解决方案，绝对不能有一丝一毫的让步妥协。我们一定要发起真正的改革，一定要开拓出一条教育的崭新大道，因为目前的教育之路，仍是一条死胡同。

当其他科学领域早已研究出许多有利于人类生命且令人激动的发明时，教育科学却仍未找到妥帖的方法。在教育研究领域，每一个探讨项目都只限于外在的现象研究。借用医学的术语来说，都是只治标不治本。

各类不一样的症状，在医学上可能都是由一个主要的病因所引起的，想要解除这些病痛，如果只是一项一项的分开治疗，而非找出病源所在，到最后可能只是徒劳无功。举例来说，心脏方面的异常可能引发所有身体器官功能的各种毛病，如果我们只是去治疗其中一项器官的毛病，却不去设法使心脏功能恢复正常，那么所有的症状还是会再出现。再举一个和精神官能有关的例子，倘若一位心理分析师发现，患者的发病是因为情绪和思想观念错综复杂的相互影响，使得精神无法负荷所产生的病症，那么这位心理分析师就必须寻根探源，追溯深埋在潜意识中的病因。一旦发现病发的主要原因后，所有问题皆得以迎刃而解，所有病症也会逐渐消失或者转而为无害。

我所提到的教育问题，就好似例子里譬喻的外在病症，是经由一个隐藏难见的主因所引发，这个主要原因不和人类的社会潜意识有关。蒙台梭利的教学方法，一直保持在当今教育体制的“病态程序”之外，也一直朝着一条期许能够揭发教育沉疴主因的道路前行。在蒙台梭利的教学法之下，起因已被克服，问题也已消失。

如今我们察觉出所谓的教育问题，特别是那些和人的个性、性格发展和智能发展相关的问题，事实上全都源于孩子和成人之间的冲突对立。成人在孩子发展道路上设下的难关，不但难以数计，而且极具伤害力。这个对于孩子成长发展的危险影响程度，取决于成人在铺设这些难关时，总是挟着道德理义和科学理论之名，及其想要操纵孩子的意志来遂行其意。所以说，最接近孩子的大人——母亲或是老师，反而在孩子的人格形成过程中，成了最可能危害孩子人格发展的人。强者和弱者之间的对立冲突，不仅与教育有关，更反映在成人日后的心理状态上，也是造成心神错乱、性情异常以及情绪不稳定的主要因素。问题从大人传给孩子，又从孩子传给成人，因此成了一种普遍的循环。

因此，教育问题的根本解决，第一步绝不应该针对儿童，而应针对成人教育者。教育者必须理清自己的观念，摒弃一切偏见，最后还必须改变其道德态度。接下来就是要准备一个有利于孩子生活的环境，一个无阻碍的学习空间。环境的设计要符合孩子的需求，让孩子能够一步一步得到必要的解放，使其得以克服一切困难，并开始显露出他的非凡性格。以上两个步骤是奠定成人和孩子新道德的基础。

自从我们专为孩子营造一个适宜的环境，以及接触到孩子在活动中自然流露出其创造力之后，我们便看到了孩子在工作中展现出前所未有的安静平和。一个与孩子精神生命基本需求相匹配的环境，能让孩子长久隐藏的态度自然浮现，因为过去和成人之间的一再抗争，让孩子不得不武装自己，表现出压抑的态度。

我们发现，孩子的内心存在着两种不同的心理状态：其一是自然而富有创造力，显出其正常、善良的一面；其二是因为受到强者压制而产生的自卑心态。这一发现让我们对孩子的形象有了全新的感受，给我们幽暗的漫漫长路开了一道光，引领我们走向新教育的康庄大道。孩子所表现出来的纯真、勇气和自信，皆出于道德的力量，也是孩子倾向于融入社会的表征。另一方面，孩子的缺点，例如行为缺失、破坏力、说谎、害羞、惧怕以及所有那些让人意想不到的抗争方法，会完全消失无踪。成人如今与之沟通的是一个完全改观的孩子，因此老师也应该以全新的态度来面对。老师不应再集威严权力于一身，应转而以谦和的态度来帮助孩子。既然我们已经察觉到孩子的心理层面呈现出两种不同的情况，因此当我们着手讨论教育方针时，就不能不先理清讨论中的基础对象。我们应该以受成人压制的孩子为主呢？还是应该以在正常生活环境下自由成长、得以发挥创造潜能的孩子为讨论对象？

若是以被压制的孩子为讨论对象，那么成人即是制造出许多无法解决问题的祸首。但若是以自由成长的孩子为讨论对象，成人则扮演着一个对自己的错误充满自觉性，而且能和孩子平等以待的角色。所以大人能够轻松愉悦地和孩子相处，一起和孩子共享平和温馨、充满爱意的新世界。

教育科学也应该能够在和孩子平等对待的体制下施行。事实上，科学的概念即是事先假设一个真理的存在，因此才能够有一个向前发展的巩固基础，才能够发展出一套确实肯定的施行方法，进而减低错误的产生。孩子本身就是引导我们求得真理的人，孩子希望大人能够真正的给予他们有用的协助，也就是“帮助我，帮助自己”。

如果你想鼓励孩子阅读，应尽量给他准备一个小读书角。

孩子的确是经由活动而得以在环境中成长，但是除了活动本身之外，孩子还需要物质上的接触、学习上的指引以及不可或缺的了解，这些在孩子发展上的重要所需，都有赖于成人的提供。成人必须给孩子必要的，做孩子需要的，去帮助孩子自己行动。假如大人做得不够，孩子可能就没有办法顺利地发展，但是如果大人做得太多，可能就阻碍了孩子的发展，使孩子的创造力无法发挥。而这之间的平衡点，我们称之为“介入的门槛”。随着我们引导孩子的经验不断累积，我们就越能够正确地找出介入的恰当时机，而孩子和施教者对彼此的必要了解也就能更透彻。

孩子的活动，是经由和物质的接触而产生的。因此，我们把一些经过科学印证挑选出来的教具，放在孩子的环境四周，让孩子任意把玩使用。有关文化传承的问题，也因为这种做法而得到解决。这样的做法不但减少了大人的介入干预，也维持了较为传统的教学形式，让孩子依据其发展所需，自己摸索学习。每一个从活动获得自由的孩子，依据最深切创造力上的需求而发展，也在学习过程中进步。因此，个体的发展便成了有助于文化传承的课题。老师保持着引导和指导者的角色，但只有在必要时才出现，孩子的个性循着自己的法则展现，演练行动的各项能力。

我们从实际经验中，领会出许多对教学非常有助益的心得，这些经验心得在我们着手起草明确的科学教育纲领上有很大的帮助。其中的一项纲领就是：大人的干预、教具的使用和学习环境本身，都必须有所限制。教具提供得太多或太少，都可能对孩子的发展产生负面影响。教具的缺乏可能导致孩子学习的停顿，教具过多则容易让孩子举棋不定、精力涣散。为了更进一步理清上述概念，让我举一个和食物有关的例子，食物营养的缺乏会导致营养不良，而吃得太多则可能会造成毒害，使身体易患各种疾病。以往，人们以为吃得多有益健康，但是现在大家都知道，吃得过饱并不会让人充满活力，反而会让人觉得疲累。之前的错误观念澄清以后，医生才得以拟出维持身体健康所需的食物质量标准，营养学寻求的则是更精确的计算方式。

现今，有些人相信教具是个人教育的关键，他们以为不需经过计划、不受任何限制地提供大量教具给孩子，是比较好的做法。这些理论与从前人们认为只要吃得多，身体就会健康的想法如出一辙。两者可以相提并论，是因为同样涉及“喂养”，一个关乎身体，一个则关乎心智。而今，我们有关智能发展的方式，也就是教具的研究，也开始显示出限制更能够激起孩子自发性的活动和全面的发展。

有些人认为，可资运用的心理因素唯有有意识的心智和语言表达能力，这样的人很明显会彻底忽视婴幼儿。因为即使是出生才几个月大的孩子，也已显现出其独特性。认为婴儿只需要身体上的照顾的论调，模糊了最重要的事实。然而当成人放下压制的身段，试着去理解孩子心理的时候，就能够清楚地体会到，孩子的内在世界远比大家认识到的丰富而成熟。事实上，曾经有研究报告详尽地指出，即使是年纪很小的婴孩，也能和环境水乳交融。孩子适应环境的能力，更胜于其肌肉的发展能力。孩子的内在存有一股鲜活的精神力量，即使他的肌肉动作或语言能力的发展尚未开始，他仍然需要我们的援助和精神上的呵护。由此我们得知，孩子的天性是属于二元性的，其中一元是他的内在心理发展，其二则是外在身体的成长。这和其他动物的发展不同，其他动物几乎是打从一落地开始，就靠着天生的直觉来指引它们该怎么做，而人类必须自行建构这套机制，以便展现其精神及采取行动。这让我们想到人类独特的优异之处，就是人的自我必须启动身体动作的复杂器官，这些动作最终又会显示出个体的独树一格。人必须建设自我，拥有自我，最后更要能控制自我。所以我们眼中的孩子其实是一个持续发展变化的个体，他必须一步一步循序渐进，在行动和精神中间求得平衡的发展。成人的行为通常是经过思考而产生，而孩子则须设法在思考和行为之间取得一致。思想和行动臻于一致，是孩子在发展过程中的关键。

因此，妨碍孩子的行动，便是在孩子人格建构途中设立了障碍。思想是独立于行动而产生的，而行动则可以听命于他人，动作并非只对某个精神做出反应。因为如果这样，性格会变得脆弱，内心的不协调则会削弱每一个行动的效用。这对人类未来的发展来说，是极需重视的一件事，也是家庭教育和学校教育必须深思的首要课题。孩子的精神比一般人所认为的更为高尚。常常让孩子觉得痛苦的，不是因为需要去做许多事情，而是得去做那些对他来说毫无意义的事。孩子感兴趣且愿意付出心力的，是那些能和他的智力程度及他作为一个人的尊严相符的事情。我在全世界上千个学校里，看见很多孩子做出了人们以为孩子不可能做到的事。孩子的表现，证明他们能够长时间的做某一件事而不觉得疲累，证明他们能够专心到似乎完全与世隔绝，这些都是孩子人格发展过程中的一环。孩子在文化方面已显现特别早熟，才四岁半的孩子已经学会如何写字，而且非常热衷于享受其中的乐趣，我们因此将孩子这一时期热衷于画写定义为“画写爆发”。

孩子很小的时候，就在轻松、有趣的气氛下学会画写，他们一点儿也不觉得写字很累人，因为这是一件自发的活动。

看着这些健康、安静、天真、感情细腻、充满爱和欢乐、随时准备帮助别人的孩子，我不禁反思，由于过去对人类的根源施加的错误影响，人们实在已浪费了太多的精力。是成人让孩子变得什么都不会做，变得疑惑，变得叛逆；是成人剥夺了孩子旺盛的精力，粉碎了孩子独特的个性。成人急切的去纠正孩子的错误、平息孩子心理上的缺失、弥补孩子性格上的缺陷，殊不知孩子的这一切都是成人自己造成的。身为成人，我们发现自己正迷失在一个没有出口的迷阵当中，身陷于一个毫无希望的挫败里。成人发现自己受困于问题满布的丛林中，不知道如何是好，唯有等到成人能够勇于面对错误并加以改正时，问题才会消失。孩子长大成人后，又成为同样错误的受害者，错误若不改正，便会这样代代相传下去。

教育改革必须立足于儿童

最早的儿童之家在罗马最贫困的地区开始，收容3岁以上的幼儿。来参观的人们看到4岁左右的孩子就能读、写时，感到十分惊讶。他们常常问孩子：“是谁教你们的？”孩子们会不解地看着询问者，并回答道：“教？没人教我们！是我们自己学的。”

要改革教育必须立足于儿童身上。单单研究历史上的大教育家如卢梭、裴斯泰洛齐、福禄贝尔等人是不够的，时代已经发生了变化。我也反对自己被推崇为本世纪最伟大的教育家，事实上我所从事的不过是研究儿童，搜集并发表他们所提供给我的信息，这就是蒙台梭利教学法。我充其量只是孩子的代言人。在我四十年的经验中，刚开始时我旨在帮助心智发展迟缓的儿童，从医学与心理学角度去研究他们。当我从新的观点切入，设法与潜意识的心智进行合作时，发现他们仍具有相当潜力，于是决定将实验拓展到正常儿童身上。

最早的儿童之家开始于罗马最贫困的地区，收容3岁以上的幼儿。来参观的人们看到4岁左右的孩子就能读、能写时，感到十分惊讶。他们常常这样问孩子：“是谁教你们的？”孩子们会不解地看着问话者，并回答道：“教？没人教我们！是我们自己学的。”于是，在报纸上开始充斥着“自然习得的文化”之类的新闻，心理学家则相信他们一定是一些天赋优异的儿童。有一段时间我也相信这种说法可能是真的。过了一段时间我才醒悟，以往大部分的宝贵光阴被白白浪费掉了，孩子的发展也严重受阻，因为这种错误的观念认为教育非得等到6岁以后才有可能。

读和写是学习的基础，缺少它们就不可能学习其他科目。如同人不会说话，也很难学习其他东西一样。“写字”一般都认为是一件枯燥的活儿，只适合于年龄较大的孩子，而我则让4岁左右的孩子认字母，将从前用于智能不足孩子身上的实验应用于正常孩子身上。我发现，仅仅向孩子呈现差异较大的字母，过几天后，孩子就没什么印象了；而当我请人将字母刻在木板上，让孩子顺着沟纹临摹时，他们很快就能记住了。即使是智能不足的孩子，凭借这种教具的帮助，在经过一段时间后，他们也能写一点字母了。从这一实验我了解到，对于尚未完全发展的儿童，触觉经验是一种很大的帮助，于是我制作了一些简单的字母让他们能用指尖去触摸感受。当正常孩子得到这些帮助之后，便产生了意想不到的结果：他们大约九月中旬以后开始学习这些字母，年底时就可以写圣诞卡了，真是做梦也没想到会如此神速！孩子开始问更多的问题，想更深入地了解字母，例如它们的发音。好像孩子的体内装了一个吸尘器，想把这些字母全吸进去。这种表现实在惊人，但也容易解释。这些字母实际上是一种刺激，图解了早已存于孩子心中的语言，并能帮助他分析自己所讲的话。

当孩子想到一个生字，里面有些字母的读音超出了他所学时，很自然他就要提出来问。他有一种想要知道更多知识的内在渴望，然后着手拼出他已会说的词。不管多难或多长的词，他都可以进行拼写。孩子可以从拼音字盒里挑出所需要的字母，照着老师念诵的音拼出该词。当老师念完一遍，再转回来时，孩子就已经用活动字母把该词拼好了。对4岁的孩子，老师只要念一遍就够了，而对7岁或更大的孩子，老师反而要多重复几次才能让他掌握正确的发音。这明显是由于特殊敏感期在起作用，即心智如同柔软的蜡一样，它对某些刺激具有相当敏感性，等过了这一时期，这种敏感性就消失了。

经过一段时间的酝酿，孩子就要进入书写阶段了。由于孩子已了解到“字”是由许多声音组成，借助拼音盒的练习活动，孩子便能分析并组合出单词了。加上他也熟悉了各个字母的形状，因为他已一遍又一遍地接触过它们多次，所以骤然间便能开始书写，如同两岁时进入“说话爆发期”的表现一样。一旦整个心理结构成形，时机就成熟了，全语言时期就来到了，也就不必像传统学校一样一个字一个字地教孩子们了。一旦孩子开始写出一两个字，

孩子们只要对自己的书写有了信心，就会喜欢开始学着写信，与人交流和表达自己的思想。

他很快就会写其他字，不久就会写所有他会说的字了。他从此将不断地写，这不是为了完成冷酷的义务，而是出于一种内在灼热的渴望。他会利用任何到手的工具来书写，包括用粉笔写在墙上或走道上，只要有空间，不管合适不合适，他都会去写。因此，我们可能发现到处有字，有时在面包上也有。一些穷困、不识字的母亲，因供不起纸与笔，常来学校寻求协助，以满足孩子的需要，于是我们提供给孩子纸笔。因此，我们常发现孩子回到家仍写个不停，甚至写到睡着了笔仍在手上。

起初我们为孩子设计了一种特别线条的纸，它有双倍的空间，然后渐渐缩小。不久我们发现他们在任何格式的线条上都可以写得很流利，甚至有的孩子喜欢把字写得像印刷的铅字一样小。令人惊奇的是，他们写得很漂亮，甚至比小学三年级的学生写得还好。他们手写出来的字形都很接近，因为他们所触摸的是同样的字母，因而同样的字形已形成于他们肌肉的记忆中。

到这一阶段这些孩子已能书写，但仍不会阅读。乍听起来觉得这好像很荒谬，但仔细想想并不荒谬。一般的观念是，孩子应先会读再会写，而我们的孩子则是先在脑子里分析“字”里蕴含的声音，然后用活动的拼音字母把该“字”排出来，因为在孩子的心目中，每个字母都连带一个声音。这种将字母与语言连结起来的能力出现于孩子的敏感期。随着语言不停地倍增，他们现在又能用“手”的书写来表达，而不仅仅是用“口”的说话来表达了。但他到此为止还不能阅读。我们原以为障碍是来自于印刷体与书写体的差异，当我们正想介绍不同的字体给孩子以克服这个障碍时，孩子突然间自己就会阅读了，任何字体对他来讲都无困难，甚至那种只有在月历上才能找到的哥德体。后来我们明白了，那是因为在开始拼字五个月以后，孩子心中又有了另一种渴望，他极其希望了解那些字的意义。他的行为如同科学家研究史前碑文一样，经过仔细观察、比较，想从这些未识的符号中找出其中的意义来。

一股新的火焰在孩子胸中燃烧。父母常抱怨无法阻止孩子与他们一起散步时停下来，去一一拼读店家外面的招牌或广告。当孩子将近6岁时，他就几乎已能阅读每一本故事书了。

还有另一类学习，它不如语言学习那样容易解释，那就是数学。对于数学，我们有三种理念：

1. 算数：数字的科学。

2. 代数：抽象的数字。

3. 几何：抽象的图像。

凭借与孩子相处的经验，我们把这三者一起给予了孩子，时间也早得令人难以置信。我们发现这种“三合一”的给予方式相当有效，诚如在一个支点上求得平衡不如三角支撑来得稳固一样。例如，在介绍“数量”时，我们将“个”、“十”、“百”、“千”以几何形状（点、线、面、体）来呈现，数学教具的设计也常常呈现出这三种特性。幼儿在学习数与几何时表现得相当有兴趣，且十分热衷。不久，这些量的抽象性与彼此的关系便可用代数方式来表达了。这又是另一项令人惊奇的发现。因为刚开始时孩子并不像学语言那样有兴趣，我们很自然会说孩子喜欢语文，不喜欢数学，因为后者既枯燥又抽象。事实上这是我们的偏见，我们所知的也仅限于四则运算，且在1～10以内。正是孩子揭示出其事实的真相，当较大的孩子（约5～6岁）在学十进位系统时，他们十分热衷所运算的数都是十以上。出乎我们意料的是，4岁的孩子也想要学，且相当投入。我们也将代数与几何纳入数学。如果这些是以具体的实物来操作，孩子会表现出更大的兴趣。最近，有个孩子在学会三项式（a＋b＋c）之后自言自语道，既然可以用a与b，应该也可以用其他的字母吧！由此可见孩子是不愿被限制的。

这一令人激动的发展，如同语言一样，并没有任何先期征兆，我们无法追溯其由来，只好将其归因于一种早期的特殊倾向。据我们观察，孩子不仅对要求有高度准确性的活动感兴趣，而且越复杂兴趣越浓。这种要求准确性的活动不仅在动作中出现，也在具有操弄性的工作上，或在花卉、昆虫的观察研究里得到体现。这种追求准确、深入细节的要求是一种天然倾向，而且还会向数量方面发展。因为算数是一种抽象的活动，这样也就把准确性带到了抽象层面。孩子由具体的实物开始，渐渐迈向抽象的“数”，然后进入更抽象的代数阶段。在他工作过的三个领域中，实物、抽象、代数，都会遇到准确性的问题，由于十分着迷，会使他充分明了这些“单位”的游戏。大哲学家兼物理学家巴斯卡给予我们很大的启示，他也潜心研究过数学，认为人类的心智具有数学的特性，人类的进步就是循此发展的。他的这种说法受到了普遍的欢迎，因为在传统学校的老师，数学是最令人反感的科目。现在连幼儿都能证明巴斯卡的观点是对的了。让我们进一步研究他的话，他认为整个人类的行为都是围绕环境发展的，而且这种活动趋于愈来愈精确。这种精确性只能借由心智来完成，由此证明我们的心智的确具有数学的特质。追溯历史，人类的心智就是在致力于改善环境，并用来解释他周围的事物及其所产生的现象。要成就这些，就需要先正确地了解这些事物，并以追求精准为目标。由此可见，早在 200 年以前，巴斯卡就发现了这个准确性是人类的基本特征之一。

有人提到了孩子学习中的疲劳问题，我们观察的 6 岁以下的孩子就提供了活生生的事实。在传统学校里，孩子很快就疲倦了，而且难以再教导，所以提早入学是一件残酷的事。爱护孩子的父母希望他们什么都不要做，只要在那儿玩耍、睡觉即可。但我们观察的迹象显示，孩子实际上深深厌恶这种作息模式，他会以各种顽皮的方式表示激烈抗议。在我们与 3 ~ 6 岁、甚至更小的孩子相处的经验中，不仅没有发现他们有学习疲劳问题，反而显得更加精神。并不是所有的活动都会带来疲劳，例如当我们吃东西的时候，我们的上下颚、牙床、舌头会不停地工作，这样会带来更新的能量；健身运动也能为我们带来活力，并不使我们感到疲劳。孩子的心智发展也是这样，他不仅看起来不疲劳，实际上通过心智的活动更使他们获得了力量与健康。造物者赐给孩子的天性本来是要他们接受文化的熏陶，但我们的社会反而利用玩耍、睡觉的方式在他们的“敏感期”摒弃了这些。孩子是无法停止吸收，也无法停止活动的，即便真的没有什么东西可以吸收，他也只好凭借玩具来满足了。

心理学家说，孩子必须游戏，因为借着游戏能使他趋于完善。他们也承认孩子是在吸收一个特殊的环境，然后在过去与未来之间缔造一座历史性的桥梁。他们的结论是：我们只需观察，不要打扰他们。孩子就是借着游戏与生活来吸收现实，不需提供帮助，任凭他们自己玩。但是，孩子如何在如此复杂的世界里吸收文化呢？难道就是玩玩具、塑沙堡吗？由此可见，在这方面存在着相当的矛盾，我们一面说在吸收期与孩子的沟通很重要，一面又说要让他独自玩耍以建构并发展自己的能力，怎么理解？

真正合乎逻辑的是，如果 3 ～ 6 岁的孩子确实有一种自然倾向可以吸收文化、可以学习，我们就应把握时机，在环境中配备合适的设施与活动来让孩子探索，让他一步一步地吸收文化。当我们在他的环境中放置器材，容许他模仿周围的成人，让他在 3 岁前就开始发展的能力更趋成熟时，我们就是在帮助他适应现今的文化。我们给予他的东西不单单是玩具，也不会拿娃娃、玩具兵或各种玩偶当诱饵。孩子会喜欢哪一种？当蒙台梭利教具一摆出来，孩子们便争先取用，其热切程度至今仍令人难以置信。这些饥渴的心灵曾被撇在孤寂的环境中，他们感到既茫然又无助，如今当发现有可以帮助他们发展的器具时，他们便像饥饿的狮子一样扑上去，吞食一切能让他们成长的东西。就这样，孩子融入了这个时代的文明，并承击人类的文化。

面对孩子如此巨大的内在能量，在我们了解了其对人类的重要性后，我们就必须留心观察，寻找合适的途径来帮助他们。与其盲目相信游戏的魔力，我们宁可信任孩子。既然对我们的直觉已有了认知，我们就必须创造一个实用的科学，以帮助孩子运用这一能量。

有吸收性心灵的本质

幼儿的心智与成人大不相同，他们靠自己的天生禀赋创造出高品质的成就。他们不仅创造了语言，更创造了说话的器官，也创造了各种各样的身体动作，及各种表达智慧的方式。

新观念以生命为一切生物功能的中心，并且改变了以往的教育理念。学校不再是一个分隔的世界，孩子也不应与世隔绝，受到过度保护。许多心理学家对幼小的孩子进行了研究，他们从孩子出生的第一年就开始观察，发现人格的建构与塑造就始于这个时候。从心理层面来看，他们在出生时确实一无所有，一切为零！孩子刚出生时，肉体也几乎是瘫痪的，不能做任何事。过一阵后孩子开始说话、走路，经过一关一关地克服，他最终凭着自己的力量与智慧将自己建造成为“人”。孩子内在的巨大力量吸引着我去研究，也吸引了许多其他科学家的注意。这种力量原本隐藏在妈妈的庇护下，而以往人们还以为孩子说话、走路都是妈妈教的。其实不是妈妈教的，而是孩子自自然然学会的。妈妈生产出的不过是一个小婴儿，正是这个小婴儿将自己建构成为了“人”。即便孩子的“母语”也未必是从妈妈那儿学来的，因为孩子可能出生在国外，他已能讲一口流利的当地话，而他的父母可能还没他讲得地道。所以他那口流畅的语言不是遗传的，既不是因为父亲，也不是由于母亲，而是孩子自己利用环境中的一切资源，来塑造他的未来。

一些心理学家对孩子从出生直到大学的成长进行了追踪研究。他们发现，在孩子的发展过程中，有一些相当不同且各具特色的阶段，它们不可思议地与生理发展阶段相呼应。他们的这种阶段性变化令有些心理学家夸张地说："成长是一连串的出生。"第一个时期大约从出生到6岁左右，这中间或许有些变化，但他从始至终的心智形态是一样的。这一时期又可分为两个次阶段：0～3岁、3～6岁。其中前者的心智形态是成人无法介入，无法影响的。至于3～6岁的阶段，其心智形态是可以介入的，但须以某种特别的方式。整个时期的特点是他们的变化很大，从柔弱无助的婴儿变成跑跑跳跳、能说会唱的孩子，到他们6岁时就成熟得可以入学了。当然稍早一点入学也可以，不过要参考本书所提示的原则。但我们要强调的是，6岁是一个新纪元，它也与生理的变化相对应，例如这时会开始换乳牙等。从6岁到12岁这一阶段只是单纯地长大，没有很大的变化，其特点一般而言是显得十分平静与柔顺。

第三个时期从12岁到18岁，这又是一个大的转换期，包括生理与心理两方面都会发生很大变化。好像世界各国都有这种普遍的共识，即到了12岁就要换层次更高的学校，以符合他新的心智层次。在第三个阶段，他的个性会变得很不稳定，相当叛逆且放荡不羁。但传统学校并不重视这些反应，只管照着课表上课，用体罚来惩治他们的叛逆。到了18岁他们可能上大学了，课业十分繁重，但在方法上却没有太大差别，因为他们大半的时间都是在坐着听讲以获取学位，这种灌输究竟能否学以致用实在令人怀疑。到这一阶段他们的生理虽已达到成熟，但由于他们只是从事着当年的研读、听讲，因而无法形成一个具有独立判断与自由意志的成人。事实上，只有实际的工作与经验才能帮助他们真正成熟。当你在纽约的街头上看到知识分子游行，高举着口号："我们没有工作！我们正饿肚子！"时，你应觉得这是对社会的一种控诉，虽然社会已为他们的教育投资了许多。

孩子们通过分辨不同的气味，能培养自己的感知，并促进他们的语言发展。

许多爱思考的人常常在想：为何拥有最崇高智慧的人，需要有如此漫长且艰辛的婴幼儿期，而其他动物却不需要。还有许多人不禁要问婴儿期到底是怎么回事？他们觉得这里面似乎有无穷的奥秘。这的确是一个心灵创造的工作，一切由零开始。他并不像小猫变大猫一样，从尚未成熟的喵喵声逐渐发展变大声，也不像小牛、雏鸟在自我表达上只是叫声愈来愈响亮，对人类来说，这不仅仅是一个发展的问题，而是一个从无到有的创造问题。幼儿的心智与成人大不相同，他们靠自己的天生禀赋创造出高品质的成就。他们不仅创造了语言，更创造了说话的器官，也创造了各种各样的身体动作，及各种表达智慧的方式。

这并不是在受有意识的“意志”所主宰，而是由潜意识的心智来完成。它是一种不可思议的智慧，孩子那奇妙的创造工作就是借这种潜意识心智完成的。我们发现，在某种时候，环境中的某些方面会引起孩子强烈的兴趣，它表现出一种穿透整个生命的热诚，这就是一种潜意识的力量。

我们承认，孩子一生下来就有听觉，令我们惊奇的是，环绕他的声音有千万种，为什么他单挑人的声音来模仿呢？因为人的语言在他的潜意识心智中留下了特殊印象，引发一种特殊的感情与热忱，使看不见的肌肉纤维产生共振，从而复制类似的声音，而其他的声音则无法引发这种行动。这正是幼儿吸收语言的方式，它构成孩子心理人格的一部分，我们称它为“母语”，以别于其他日后下工夫学来的语言。这是一种内在的心理作用所带来的化学变化。这种声音的刺激不仅进入孩子的心智，还能复制它将其变成自己的一部分。我们把这种心智叫做“有吸收力的心灵”。如果这个力量能继续发挥作用，我们很难想象其影响力将有多大。

儿童心灵的建构

人类的心灵似乎循着相同的路径发展。它也是从“无有”开始的，在新生儿的内部，即其心理层面，并没有任何现成的东西。心灵的器官也是围绕着一个敏感点产生的，在此之前也是不断地搜集资料，经由吸收性心智完成。如果我们不了解敏感期及其发生的顺序，我们就不明白孩子的心灵是如何建构的。

如要进一步了解吸收性心智的秘密，我们就应研究产前及胚胎的生活。最近生物学的研究有一种新的趋势，以往研究动物或植物，采样大都来自成熟的个体，在社会学中研究人类也是如此。科学家现今试图采取相反的方向来研究人类或其他生物，即针对幼小或原初的生命来取样。为此，胚胎学逐渐受到重视，它是研究受精卵的生命来自两个成人细胞结合后的科学。孩子的生命始于成人，也终于成人，这就是生命的历程。

造物者为幼小的孩子提供了特别的保护，孩子是在爱中来到这个世上的，他既是出于父母爱的结合、爱的结晶，出生后又被父母的爱包围缠裹。这种感情相当自然，它不是人工的，也不是出于理性的要求，与慈善家、宗教家或社会活动家所要唤起的同胞之爱不一样。只有孩子生活领域中所经历的爱，才是人类道德的理想境地，是一种自我牺牲、无怨无悔的奉献之爱。父母所做出的牺牲十分自然，他们是愈奉献愈快乐，一点也不认为这是一种牺牲。

生命的本性就是如此，这种生命形式比“适者生存”的竞争形式要高尚得多。这是一种在本性之外，外加的一种特殊本能。所以，法国大生物学家法布尔在总结物种之所以延续时提出，这不仅是因为它们有天赋的自卫武器，更由于有一种伟大的母性本能。在低等动物保护幼小一代时所显出的智慧就证明了这一论断。

19世纪的科学家曾认为，在人类的胚胎细胞中有一个具体而微小的迷你小人，然后逐渐长大，一如其他哺乳动物。他们甚至还为这一“迷你小人”到底是来自男人或女人展开了争论。直到显微镜的发明，才使这方面的进一步研究成为可能。他们最后只得非常不情愿地接受这个结论：原来胚胎内并不存在任何先天的人的雏形。正是受精卵一分为二，由二变成四，就这样不断繁增，形成了胚胎。胚胎学的研究截至目前的发现，如同一个人要建造一栋房屋必先累积许多砖块一样，当细胞分裂累积到一定数目时，就开始筑成三道墙，然后在墙内开始构筑器官。

这种器官建构的方式十分特别。它先开始于一个细胞、一个点，然后环绕这个点的细胞开始加速分裂，当这种狂热活动停止时，器官就产生了。发现这种现象的人解释说：器官发生的地区涵盖有许多敏感点。器官原先各自独立发展，好像每个器官只为着自己的目的。在它们密集活动时，围绕着一个中心，显得十分团结，好像充满着理想。它们不断地改变，与周围其他细胞愈来愈不相同，呈现出预定要形成器官的样式。当不同的器官各自独立完成时，就出现一种力量使它们相互关联、结合在一起，彼此互相依存，缺一不可。婴儿就是在这个时候诞生的。首先是循环系统联系全身的器官，然后是神经系统完成整个联结。在这里所显示的建构计划都立基于一个点上，由该点出发完成一个一个的创造工作，一旦器官不断建构完成，它们必然紧密结合在一起，显示出一个独立的生命体。所有高等动物都遵循这一计划建构，自然界中只有这一种建构计划。

人类的心灵似乎循着相同的路径发展。它也是从“无有”开始的，在新生儿的内部，即其心理层面，并没有任何现成的东西，心灵的器官也是围绕着一个敏感点产生的，在此之前也是不断地搜集资料，经由吸收性心智完成。当它们累积到一定程度，就出现了许多敏感点，其强烈程度是人们所无法想象的。语言的获得就是最好的例子。由敏感点所造成的并非心灵的发展，而是心灵所需的器官，是心灵所需要的。同样，心灵器官原先也是各自独立发展的。例如，说话、用双脚走路、判断远近、辨认方向，以及其他协调运动等能力都是如此，它们每个都围绕一种兴趣发展，相当明显地吸引孩子朝向某类活动。当该器官形成之后，那种敏感性也就消失了。当所有器官齐备时，它们就会结合起来成为心灵的实体。

尽早让孩子学会独立，学会自我照顾，如洗手、刷牙，学会自己洗澡并保持清洁

如果我们不了解敏感期及其发生的顺序，我们就不明白孩子的心灵是如何建构的。常有人争辩说，以前的人不懂敏感期也一样培育出健壮的后代。但要提醒的是，我们现今生活的时代，许多自然赋予母亲的本能大量受到压抑或消失了。过去母亲可以本能地协助孩子在敏感期发展，走到哪里就把孩子带到哪里，正好提供了孩子所需要的环境，且用母爱保护他，但现今的妈妈已经失去这种本能，人性也趋向退化。所以研究母性的本能，与研究孩子自然发展的重要性一样，因为这两者是相辅相成的。

母亲必须回归自然。母爱也是一种大自然的力量，理应受到科学家的重视，他们应致力研究、协助母亲重拾她们失去已久的本能。我们必须教育母亲学会这种知识，让她们可以在孩子一出生就给予心灵的保护，不需要交给受过训练的护士，那种护理尽管十分讲究卫生，但只是表面上满足了孩子生理上的需要。事实上，在这种照顾下的孩子，很可能死于精神困顿或心灵匮乏。

这样骇人听闻的事在荷兰的某一城市就发生过，有一个机构试图教导低收入的母亲实施卫生保健，将一些失去父母的孩子安置在完善、科学管理的环境中，那里有相当营养的食物，且由受过最新观念训练的护士照顾。但不久还是引发了疾病，导致许多孩子死亡。由父母照顾的低收入孩子反而没有患相同的病，似乎比妥善照顾的孩子更健康。庆幸的是，该机构的医生了解到他们缺乏某种重要的条件，并且立刻做了些补救。护士开始学着母亲对待孩子的方式，抱抱他们，与他们玩耍。这对科学护理一无所知的妈妈，由发自内心的爱所引导，并与社会有适当的接触才使那些孩子终又逐渐恢复笑容与健康。

孩子的行为能力

孩子刚出生时不具任何行为能力，几乎是瘫痪的，借着练习学会了走路、跑步以及像其他动物一样攀爬，但必须靠他自己的努力。这种适应性的工作，造物者只交付给儿童来完成，成人已不易适应。

尽管行为主义的研究及据此发展的理论都不能完全解释生命的奥秘，不过它们对事实的厘清很有帮助，让我们弄清了生长是如何发生的。可以确定的是，建构的计划只有一个，各种动物的生命都循此发展。这个计划可以追溯到胚胎，可以追踪儿童心理的发展，也可以从社会现象中发现。许多动物早期的胚胎好像都很类似，不论是人、兔子或蜥蜴，这是很有意义的。脊椎动物的成型都经过类似的历程，但当胚胎的发育完成时，其间的差别就很大了。有一件事是可以断定的，那就是新生儿是个心理胚胎，出生时每个孩子都是相似的。因此，在心理胚胎的成长期、心灵的成形阶段，都需要相同的对待与教育。不论将来成为什么样的人，是天才或苦力、圣贤或罪犯，他们都要经历同样的发展过程。因此，生命头几年的教育是相似的，应由自然的本性来表达。

一个个体的内在个性与自我是自然而然发展的，非我们所能左右，我们仅能助一个人实现他自己，为他除去生长过程中影响自我实现的障碍。我们已经确立敏感点存在的事实，器官就是环绕着敏感点形成的，然后出现两种系统——循环与神经系统，来进行联结与整合。但是科学无法进一步解释如何成为生命体的事实，以及如何成为自由与独立的个体、与众不同并有自己的个性。

1930 年，美国费城的学者在生物学的研究上，有一项与现行理论完全相反的发现。他们发现，大脑中的视觉神经中心，是在视觉神经出现以前形成的，更远在眼球形成以前。由此导出的结论是，在动物中，心理的形式先于生理的形式。每种动物的本能、自然的习性早在表达它的器官形成以前就已存在了。如果心理部分事先就存在，就意味着生理部分是自动完成自己的建构，使自己符合心理需求、符合其本能。各种动物的肢体与器官，是最适于表达其种属本能的。由此可见，新的行为主义理论与旧的观念——认为动物为适应环境而采取某种习性是不同的。以往认为个体以意志的力量，引起身体结构在生存竞争中作必要的修正，以适应环境。逐渐地，经过无数代的演变，身体的调整和适应终于完成。新的理论并未完全否认这些，但把动物本能的习性或行为放在了核心地位，在其能力范围内，也可以成功达成适应环境的工作。

在牛的身上我们可以发现这个例子。牛是一种强壮、结实的动物。在世界地质学史上，也可以追溯它的演进过程。当地球覆盖着植物时，它就出现在了地球上。有人会问，为什么牛会选择这种最难消化的青草作为食物，并为此发展出四个胃来呢？如果只是为了生存问题，它吃别的东西可能更容易，因为其数量也很多。但数千年过去了，我们看见牛依然只吃草。经过仔细观察，你可以看见，牛是在靠近草的根部将草咬断，并未连根拔起，好像它们知道青草需要这样修剪才能使地下的茎长得好，否则很快就要开花、结籽、枯死。后来人们又发现，青草对植被也有相当的重要性，因为它能防止水土流失，不仅稳固、保护土壤，而且使土壤肥沃，使其适合植物生长。这就显示了青草在自然秩序中的重要性。除了啮咬之外，有两件工作对青草的维护也很重要，一是施肥，一是带着重量的滚或压，有哪一种农业“机器”能将这三种工作做得比牛更好？这种美妙的机器除了协助草的生长、维护土壤之外，还能供应牛奶。所以牛的行为似乎是为着自然的目的而设计，正如乌鸦与秃鹰是为另一方面的服务设计的，它们是自然界的清道夫。

从无数动物选择食物的例子得出的结论应该是，动物不仅是为满足它们自己吃，而是为着完成一个使命。不论生物或微生物，借着所有成员的合作，共同为了整个造物的和谐。有一些生物吃得相当不规律，也不仅是为维系生命而吃。它们不是为活着而吃，而它们活着却是为了“吃”。例如蚯蚓，它每天吃大量的泥土，几乎是其身体容量的200倍。达尔文是第一个提到，如果没有蚯蚓，地球可能就没有这样肥沃。

蜜蜂传播花粉是另一个熟悉的例子。我们从行为主义来看，动物牺牲自己为其他生命的生存而效力，不仅是为自己的生存而已。类似的情境在海洋中也可以发现，有些单细胞生物的功能好像过滤器，除去水里的某些有毒盐分，为达成此功能，它们要喝巨量的水，如果以人的比例来说，约每分钟要喝一加仑的水。动物的生计与地球生态的关系，动物本身并不知道，但更高层次的生命、地球的表土、空气与水的净化皆有赖于它。

从这里可以清楚地看见，似乎有个既定的计划存在，动物的器官就是为完成此计划，生命的目的就是为服从这“隐藏的命令”，它使一切造物和谐并创造出一个更美好的世界。这世界并不是为我们的享受而造的，我们的存在是为着这个世界的向前进化。

当我们研究人类并与其他动物比较时，发现与它们确有许多不同。主要的不同是人类不具特殊的运动方式，或特定的栖息地。所有动物中只有“人”最能适应各种天气，热带或极地，沙漠或丛林，只有“人”可自由地去他所喜欢的地方。人也能从事最多样化的运动，而且能用双手做事，也是其他动物所不及的。对“他”来说，似乎没有什么不能的，他相当自由。人类有最多种的语言，他能走、能跑、能跳、能爬、能像鱼一样游泳，且能从事富有美感的运动，如舞蹈等。然而，在孩子身上，在出生的时候，没有一样能力看得见，必须一项一项地在童年期学习。

孩子刚出生时不具任何行为能力，几乎是瘫痪的，借着练习学会了走路、跑步以及像其他动物一样攀爬，但必须靠他自己的努力。孩子不仅能获得所有人类的能力，远超过其他动物，而且会调整自己去适应他所要面临的气候、生活环境以及文明社会愈来愈复杂的要求。这种适应性的工作，造物者只交

一个5岁的男孩在妈妈的帮助下正尝试自己做缝纫活。

付给儿童来完成，成人已不易适应。成人似乎永远很难精通外国语言的腔调，即使该语言比他自己的母语简单多了。成人可能喜欢某个环境，只能把它放在记忆里；而孩子却将它不知不觉地吸收了，构成内在心理的一部分。孩子就是如此将所见、所闻融入，成为他的所有、成为他的一部分。语言是个明显的例子。心理学家将这种记忆力称为内在美，它的任务是为个体建构一种行为，不仅适应其所属的时间与空间，也适应该社会的精神意识。成人发现自己常带着感情与偏见，尤其是宗教方面，以客观理性来讲应该拒绝，可是他们很难摆脱，因为它已成为自己的一部分、在自己的血脉里面。

如果我们要改变一个国家的风俗习惯，或希望加强某一民族的某些性格，我们必须以孩子为突破口，从小孩开始，因为在成人身上所能做得太有限了。要改变一个民族或一个国家，变好也罢，变坏也罢，要唤醒宗教或提升文化，我们都必须仰赖孩子，他们才有无比的能力。

教育自出生开始

生命的初期，一定要从环境储存大量讯息，这也是心智活动最频繁的时期，从环境吸收一切事物。

婴儿应被当作一个由出生前到出生后连续的胚胎生命。这过程被一重大事件中断，就是出生，然后被投入一个全新的环境。这一改变对个体来说是相当可怕的，如同一个人从地球到了月球上。

新生儿尚未发展完全，即使身体的发展也是。双脚要行走在地上，甚至行遍全世界，而新生儿尚只有软骨组织；保护大脑的头盖骨，应该十分坚硬，但也只有部分长成。更重要的是神经系统尚未完成，所以缺乏中枢导向，器官之间也缺乏联系，所以尚不能运动，虽然其他的动物几乎出生后立即能走动或移动。事实上，婴儿应被当作一个由出生前到出生后连续的胚胎生命。这个过程被一重大事件中断，就是出生，然后被投入一个全新的环境。这改变对个体来说是相当可怕的，如同一个人从地球到了月球上。还不只如此，为了跨出这一大步，孩子要做相当大的努力。当婴儿出生时，人们总想到作母亲的与她的痛苦，但孩子也面临着一个极大的考验。他虽然已有一个精神生命，但还没有发育完全；他还没有精神生命的内容，必须自己创造出来。作为心理胚胎，他必须创造自己的内涵，即使身体方面尚未完全发展。

这个生来没力气、又不能移动的个体，却领受有天赋的行为导引其动作。当其他动物一接触到出生的环境，那些动作的本能立即苏醒过来；而人类在逐步建构动作能力的同时，也在建构心理胚胎的内涵。当这一切进行的时候，心理胚胎的实质渐渐发展，神经系统的联络趋向成熟，头盖骨也硬化了。

小鸡一出蛋壳，就等着母鸡教它们如何啄食，很快地它们就像其他的鸡群一样行动。这是小鸡的习性，像它们历代的先祖一样，也如它们所期待的一样表现。但是人需要先发展他的心灵，而且必须与他所处的环境和不断演化的社会情况相契合。所以造物者预先采取了措施，让身体慢慢发展，而心智发展摆在优先地位，骨洛与神经系统则与之配合。如果精神生命把它的环境“肉体化”，亦即将个体生存的环境吸收、融入，成为自己人格的一部分，如此就必须先观察、研究一阵子，搜集大量感官印象。如同生理胚胎在器官分化之前，须先分裂、累积大量的细胞一样。

所以生命的初期，一定要从环境储存大量讯息，这也是心智活动最频繁的时期，从环境吸收一切事物。约在生命的第二年，生理的条件接近完成，动作的倾向大致确定。以前我们认为幼儿没有精神生活，但现在我们了解，第一年他最活跃的部分就是脑部。人类婴儿的主要特征就是智慧，不像其他动物只苏醒了行为的本能。孩子的智慧必须纳入人类演进了数万年的文明，还有数百万年在前面等着他。不论对过去或未来都无穷尽的此时此刻，更没有瞬息是相同的。在各方面都是无限的，其他的动物只限于某方面，且是固定的。当然，这种人类的精神活动开始于某种神秘形式，目前能证明是从出生开始。因为我们发现初生婴儿的心智是那样顽强，有创造各种能力的可能性，并且能适应各种环境。

当今的心理学家对于他们所称的“出生的艰困冒险”印象深刻，所以认定初生婴儿一定经历了相当大的惊恐。有一个应用在心理学方面的科学术语叫做“出生惊骇”，不是一种能意识到的恐怖。如果你把婴儿放入浴盆内，或是放在强光下照耀，或是以奇怪方式抱他，这个新生儿就会受到惊恐。造物者赐给母亲一种本能，把孩子尽量靠近她的身体。生产时，她已用尽全身力气，所以她自己需要安静，也给孩子所需要的安静，用她的体温温暖孩子，保护、隔绝外界一切的影响。就像母猫把它的孩子藏在黑暗的地方，保护它们不受外界的触摸。但大多数人类的母亲反而丧失了这种自然本性，孩子一旦出生，就有人赶快为他洗澡、穿衣，把他抱到光亮的地方分辨他眼睛的颜色，一再让他暴露在震惊与恐怯中。

现今人们认识到这样的“出生惊骇”会导致后来性格发展上的缺陷，在孩子的心灵里产生一种转变，由正常转向偏差。所产生的缺陷也包含在所谓的“退滞现象”，其特征是从生命中退缩，似乎仍依附着出生前的某些东西，对这世界感到厌恶。婴儿期需要长时间的睡眠，但睡得太长、太久就有问题了，有可能是退滞现象的征候。另一个征候是睡醒时习惯性的哭，或是常做噩梦；有时是过度依附某一人，通常是母亲，害怕自己独处。这样的孩子很爱哭，总是要人帮助，显得懒惰、胆小、忧郁。很明显，这样的个体在生命的奋斗中总是不如他人，他们缺少欢乐、勇气与正常的幸福。这是潜意识心灵所给的回应。在意识范围中我们遗忘了，但是刻画在牧内美的印象却成为个体的特征，这是对人类的一大危险。没有得到妥善照顾的孩子，要让将来的社会得到报应，因他成为未来社会中消极个体，是文明进步的阻碍。

与退滞现象相对的，就是“正常孩子”所表现的独立倾向。其发展是不断地克服阻碍，一步一步朝向更高层次的独立。提供这种冲劲的活力叫荷尔美，可比作成人的意志力量，但后者力量小多了，且仅限于个人；而荷尔美却属于普遍的生命，一种促使文明不断演进的神圣力量。在正常成长的孩子身上，表现出热诚、快乐、生命的喜悦。出生时离开母体，脱离桎梏获得自由，不再完全仰赖母体（如供应氧气与营养）。他里面有冲劲要面对并克服环境，但这个环境必须对他有吸引力，使他感受来自环境的爱。他最先运用的器官是感官。正常的孩子吸收每一件事物，但还不懂得分辨此声音与彼声音的不同，或此物体与彼物体的差异。他将先纳入周遭世界的一切，然后再分析它们。

约在六个月左右出现某些现象，代表正常成长的征兆。生理方面的改变，如胃开始分泌消化食物所需的酸液、第一颗牙齿出现等。这是迈向独立的一大步。大约与此同时，他开始发出第一个音节，这是发展成为宏伟语言建构的第一块基石。不久他可以表达自己，不须依赖别人揣摩猜测他的需要，这又是朝向独立的一大胜利。过后，约一岁左右，孩子开始走路，这使他从另一桎梏中获得自由。借助这一连串的步骤，将会完全获得自由，这不是意志可以决定的事。独立是造物者所给的恩赐，一步一步领他走向自由。

学会走路是一件非常重要的事，是高度复杂的动作，孩子能够在第一年内完成，连同语言与其他适应都有进展。低等的动物固然一出生很快就会走路，但是人的建构更精致，需要更多时间。借着两腿支撑、直立行走有赖小脑的发展，约在六个月时，小脑快速生长，然后持续的快速发展直至十四、五个月。与此同步的是：孩子在六个月可以自己坐，九个月可以爬楼梯，约十个月可以独自站立，十二至十三个月可以自己走，十五个月左右已走得很稳了。获得走路的第二个因素是某些脊髓神经的发展完成，以致小脑的命令可以传达到肌肉；第三个因素是脚部和头盖骨的骨质结构完成，摔倒时不致伤到大脑。

时机未成熟以前，没人可以教孩子走路，这是造物者的指令，我们必须服从。甚至在孩子开始走路与跑步时，想让孩子安静都是徒劳的，因为造物

写下各种玩具和物体的名称，能帮助孩子将具体的事物及其声音与读写联系起来。

者已命定，任何发展完成的器官都要使用到。一旦语言出现时，孩子开始聒噪不停，要他不说话是最困难的事之一。如果时候到了，孩子既不走也不说，那他必定有发展的困难，所以必须让孩子自发性的行动，鼓励他的独立。心理学家说，个体行为必须在环境中不受拘束地运用、实验之后，才能获得肯定。所以教育首要的工作就是准备一个环境，容许并协助发展造物者所赐给孩子的机能。这不是一个仅仅讨孩子喜欢的问题，而是一个与造物者的指令配合的问题。

由观察得知，就正常的情况而言，孩子的确有意愿自由行动；他想要搬东西、自己穿脱衣服、自己喂食，并不是成人建议他做的。相反，他的意愿是如此之强，成人常常反要阻止他。如果我们这样做，乃是与造物者对抗，而不是与孩子的意志对抗。然后他会出现要透过经验发展心智的倾向，开始寻求事物背后的原因。这不是理论，而是事实的本来面貌，借着观察发现肯定的。

当我们说到社会必须使孩子有完整的自由，确保他的独立性，但不可与成人使用这些字的模糊观念相混淆。实际上，大多数人对自由的概念有相当粗略的想法。造物者在赐给生命的同时，也赋予自由与独立，但也随之颁布了决定生存时间与特殊需要的法则。造物者命定了“自由”是生命的法则——只有一种选择，自由或是死亡！造物者借着我们观察孩子所获得的事实，提供了帮助，使我们可以解释人类的社会生活。独立并不是静态的，而是持续地克服，不仅借自由，更是借不倦地工作而获得，能力在不断增加，也更趋完善。在给予孩子自由与独立时，我们是释放了一个小小工人，他被迫要活动，如果不活动他就不能活，因为这是所有生命存在的形式。生活就是活动，只有透过活动生命才能趋向并达到完美。目前社会上有人提议减少工作时间，或是请人代劳，这是一个退缩小孩封闭生活的征候。

教育的一个特殊问题是如何帮助这些退缩的孩子，如何治疗这些受阻而导致偏差发展的孩子。这样的孩子不喜爱他所处的环境，因这环境甚难超越而产生挫折，所以首要的是如何减少这些挫折，然后设法让他受环境的吸引。提供愉快的经验，给他有趣的事情去做，请他参与更多活动。逐渐地，孩子从慵懒的意愿被带回到跃跃欲试的意愿，从慢吞吞到积极，从畏惧、依附、逃避参与任何活动的情况，转变为无拘无束地欢笑，勇敢面对并克服困难的态度。

在生命的前两年，目前已有一些确定的教育原则发表。初生的婴儿应尽可能地留在母亲身边，越久越好。四周的环境不应有任何让他适应困难的障碍，例如环境的温度要与产前已习惯的温度接近，不可有太强的灯光与噪音，因为他来自一个十分安静与幽暗的地方。要十分小心地对待他、移动他，不可猝然地把他放入浴盆中，或是匆忙、粗鲁地帮他穿衣服。大体说，我们常常在每一方面的处置都是鲁莽的，因为新生儿在各方面都是柔弱的，生理如此，心理也如此。最理想的情形是，新生儿最好不必穿衣服，住在一间恒温的房间，又不致过于干燥，给他一个柔软的床垫，使他感觉类似出生前的环境。而今天的情形是，我们对待婴儿的方式与对待一个严重的伤患差不多，只是稍微细心与周到一点。除了保健上的照顾，母亲与婴孩应看做一个身体上的两个器官，他们受动物磁性影响仍连接在一起；他们需要隐居一段时间，在每方面都受到细心地照料。亲戚朋友不应抱着婴儿任意逗弄，或从母亲身边抱开喂奶。

等第一阶段过了，孩子就容易适应他的环境，开始朝向独立的旅途迈进。他最初的斩获是感觉的运用，这是纯心理的活动，因为他的身体还是很迟钝。孩子的眼睛很活跃，他不仅透过它们接受印象，而且用它们来搜寻，像一个活跃的研究工作者，而不像低等动物只注意有限的事物，只受某些东西的吸引。孩子却不受限制，他吸收整个环境，消化到他的心灵里。他需要透过整个世界来建立适应的能力，所以把他隔离的保育方式是错误的。孩子形同坐监，只有保姆一个人陪伴，然后让他睡越久越好，如同残废的人。保姆很少说话，因为嘴巴闭着比较卫生，这样孩子怎样学语言呢？此外，保姆所属的社会文化环境可能与孩子完全不同，他又怎能从保姆那学到所需要的语言。

有钱人家的孩子在这方面反而是最受虐待的。孩子难得看到他的妈妈或是妈妈的亲友；孩子总是被丢给冷漠的保姆，坐在婴儿车上戴着连身的帽子，固然隔绝了寒风，也遮住了太阳；除了保姆的脸庞，孩子看不到其他更有趣的事情。孩子变得没有表情、呆滞，要不然就是哭泣、发脾气，因他受困于精神上的饥荒，心智的营养不足。最幸福的孩子是能跟着妈妈到处走动的，如上街、逛市场、坐火车、乘巴士，到处听、随处看，储存许多有趣的印象，安然自得地生活在自然的守护神的看护之下。

把握儿童语言的奥秘

语言是自然产生的，是一种自发创造，特别引人注意的是，语言的发展遵循一定的法则，在某个时期，会达到某种程度，而且每个孩子都一样，不论他本族语言是简单或复杂。

语言是一群人约定的表达方式，唯当他们同意某些特殊的声音代表某些特殊的含义时，才能相互了解。另一群人用别的声音代表同样的意念与事物，所以语言就成了一道墙，分隔了不同的群体，也使同一群体结合在一起。语言是共同思考的工具，当人的思想变得复杂时，语言也就更繁琐。组合成话的基本音并不多，但它有许许多多组合的方式构成单字，而这些单字又有许多不同的方式构成句子来表达思想。人类的很多成就都需要大家聚集在一起商量、同意后，才能完成。这种同意的成就必须使用语言，这是相当抽象的事情，是一种超级的智慧，世上没有比这更奥秘的事。

曾经有一些语言因为变得太复杂、僵硬，而导致死亡，从其衍生出来的语言取代了它，被普遍使用。像古典拉丁文，我们今天要弄懂它会很困难，但罗马帝国的奴隶以及在田间工作的农夫都能说它，可是并没有人教他们。连三岁的孩子都能轻而易举地了解并运用它。这个奥秘已经引起了好奇，现今心理学家潜心研究过孩子的语言发展之后，强调这是发展出来的，不是教出来的。语言是自然产生的，是一种自发的创造，特别引人注意的是，语言的发展遵循一定的法则，在某个时期，会达到某个程度，而且每个孩子都一样，不论他本族语言是简单或复杂。在某个时期，孩子只能说单个音节，到了另一时期，孩子就能说一个音节以上的字，至终整个结构、文法、单数与多数、阴性与阳性的分别、时态、语气等全都能把握。

文明环境中的孩子学会正确使用其语言的同时，贫穷的非洲孩子也学会了他们简单的语言。组成语言的声音需要运用到身体某些机能，如舌头、喉咙、鼻子，以及脸部的某些肌肉。这些机能在使用母语时配合得非常完美。在学说外国话时，成人往往无法发出某些音，更谈不上完美了。只有三岁以下的孩子能构建这种语言机能，如果在出生的环境有机会接触到，他甚至能说数种语言。这个工作是在幽暗的潜意识心智里进行的，在此开始发展并永久固定下来。

其深藏的变化是成人观察不到的，但有些外在的表征可以看到或察觉到，这些是很有意义的，也是很明显的，全人类都一样。由此，我们的结论是，任何语言一代传一代都能保证纯正的腔调。此外，孩子的潜意识心智在吸收复杂与简单的语言没有什么分别。没有孩子会感到疲倦，他的机能吸收完整的语言，如同相机底片摄取十个或十个以上人像，如同摄取一个人那样简单。在几分之几秒的时间就取得了画面，但要以手工画一幅人像，就得花时间了，画十个人就得花十倍以上的时间。

更有趣的类似点是，照片感光与显影都是在暗处进行的，只有在定影之后才可移到有光之处，然后就无法改变了。孩子的语言机能也是这样，开始时是在潜意识的幽暗深处进行，在那里发展并固定，然后才可以公开看得见。

每天耐心观察出生后的孩子，准确地做记录，可以确立一些事实当作发展的里程碑。有些神秘的内在发展很剧烈，而相应的外在表现却很温和，这两者之间非常不成比例。其进步不是呈规则性、直线性，反而是跃进的，所以在获得音节与学会单字之间可能会停顿数月，看不出有什么进步。在学会几个单字后，又停顿一段时间，但内在的生命里却是不停地进步，结果酝酿成心理学家所说的“爆发现象”。在这个时候，孩子的单字多如瀑布，读音也近乎完美。在三个月之后，孩子就能轻松地学会使用成语，及该语言语音的特色，这一切发生在接近两岁的正常孩子身上，任何种族皆然。

这些现象两岁以后仍会持续，逐渐熟悉复合句的使用，动词的时态、语气，以及一些困难的句法，以同样爆发的方式出现，直到完全学会该语言的运用。潜意识所积蓄的财富这时都移交到了意识境界，孩子也尽情地运用他的新能力，无拘无束地整天说个不停。

两岁半左右通常是智慧发展的临界点。之后，不再有爆炸性的发展，如果有理想的文化环境他的词藻会越来越丰富，即使在较差的环境，词藻也会逐渐扩大。比利时的科学家观察发现，两岁半的孩子能懂约两百个字，五岁时能懂得一千个，这些都不是老师教的。自己学会这些后，他们才进学校开始正式学字母。

有关语言的机能值得进一步讨论。在大脑的皮质部有两个中心，一个是管听觉，负责接收语言；另一个是管动作，负责产生语言、运用语言。接收的听觉中心与心灵的神秘部分有关，是潜意识语言发展的所在，与听觉关系密切。听觉器官在出生前就完成了，有点像竖琴，有六十四根弦，为了省空间，由长到短排成贝壳状。人并不是听到宇宙间所有的声音，但因为有六十四根弦，也能奏出十分复杂的音乐，即使一个语言在腔调与重音方面有相当细微的变化，这个器官也能反映出来。

有趣的事在这里：根据心理学家研究，听觉是感官中发展最慢的，你可以在孩子四周制造各种噪音，他都没反应。这是因为大脑的两个中心是为语言设计的，整个机能只对人的说话起反应，在时机成熟的时候，就产生机能性的动作，发出与所听见一模一样的声音。如果这两个中心没有这样区隔作用，它们随意接受任何声音，那么生在农庄的孩子就会先入为主的接受农庄周遭的声音，可能学到羊咩咩叫、母鸡的咯咯咯，或猪崽的低吟声。如果孩子生在铁路旁边，岂不就学到火车汽笛声了？幸好造物者设计、建构的这些中心只适合人类语言。

下面是关于狼童的真实的例子。不知什么原因，有些人类的孩子被遗弃在森林里，竟然神奇的活了下来，虽然在他们四周有各种动物及鸟的叫声，但他仍不会说话，因为听不到人的声音——这是唯一能刺激语言机能运作的。这是人性特殊的力量，人类没有带语言来，但拥有创造语言的机能。脑部某处神秘的地方有一个沉睡的小精灵，是人类语言的妙音将他唤醒，为接受这神圣的召唤，赶紧设定震动的音弦。每一个民族都热爱音乐，他们创造自己的音乐与语言，也随着音乐起舞。有些音乐是配歌词的，如果人类没有赋予这些词的意义，也就没人知道唱的是什么。

约在四个月左右，或更早一点，幼儿能察觉到这深深围绕他的神秘妙音，乃是出自人类唇部的启动而产生的。他是何等关注地看着说话的嘴唇。他的意识已经开始介入这工作，虽然实际的动作是在无意识里准备；有意识的兴趣已产生，使孩子兴致勃勃地投入，进行一连串热忱、敏锐的搜寻和研究。如此观察了两个月之后，孩子首次发出了声音，他可能突然说出“Da-Da-

Da”或“Ma–Ma–Ma”等清晰的音节。在十个月大的时候，他发现这些声音不只是音乐而已，这些对着他说的声音是有目的的。所以在快满一岁时会有两件事发生：在意识深处他已了解一些意思，在意识的高层次他正在创造语言，虽然仍是含糊不清，只是重复将同样的声音连在一起而已。然后他会第一次吐出有意义的字，虽仍是儿语，却是有意识性的意义。这时孩子的内在起了很大的挣扎，就是意识与机能的挣扎。他来到一个时期——心中有很多意念，他知道人们可以了解，仅在当他有适当的语言表达时；这是生命中第一次失望，迫使他回到潜意识的学校，激他用功。这是意识性的行动，使他加紧学习语言，内在的老师会带他回到成人身边，即使他们正在对话，并不是对着他说话。这行动也迫使他学语言的正确形式，可是有时成人不懂他的需要，反而对他说儿语，对他无意。我们必须了解，其实孩子懂得我们的对话，因此对他说的话必须合文法，以助他分析句子。一、两岁的孩子可能有许多话要说，但找不到可用的词，所以他觉得很懊恼，甚至生气，这也许可归入“原罪”。这个努力迈向独立的可怜小人，却没人了解他，如果找不到其他方法，生气是他唯一的出路。

大约一岁半左右，孩子抓住了秘诀，知道每个东西都有名字，所以在他学到的词里，可找出名词来，尤其是较具体的。这对他很重要，因为可以指明他要的东西，但他可能将片语堆成一个词或浓缩成一个词，所以母亲或老师要以同理心去了解他、解释他的话，使他激动的灵魂安静下来。下面是一个有趣的例子：有个西班牙母亲抱着孩子去郊外野餐，因为天气热，这位母亲就把外套脱下来披在肩上。孩子立刻开始哭闹，没人听得懂他嘴里嚷着“To palda, to palda”，他愈哭愈大声。然后在我的建议下，那位妈妈把外套穿上，孩子立刻就平息了，不久也会笑了。原来这令人费解的词是由两个西班牙字浓缩成的，“Palto”在西文是外套的意思，而“Espalda”是肩膀的意思。他原先抗议的是：“外套怎么可以在肩膀上？”因为孩子的秩序感已经被侵犯，妈妈的外套不应该在肩膀上（应该穿起来），这已超过他容忍的尺度。

另一个例子可以看出一岁半的孩子已经理解大人的谈话内容。有五个大人在一个正在玩耍的幼儿旁边评论儿童故事，最后得到的结论是“童话的结局总是圆满的”。而这个在一边旁听的幼儿，并不同意这个结论，开始哭起来，喊着“Lola, Lola!”。大家认为这个孩子一定是要保姆！然后叫保姆的名字，可是并没有用。孩子变得更激动、更生气，直到最后他拿到这本书，翻到封底一幅小孩哭泣的图画。意思是:“如果结局是圆满的话，为什么会有小孩在哭泣？”他所嚷的“Lola”在西班牙文类似“llora”（意即哭泣），这才是他想说的。这很清楚地证明不可小看孩子的智慧。

由于经常受大人的误解，焦躁成为他生活的一部分。孩子的内在有不少资源，一直想要找机会表达，但总是困难重重，环境也不顺心，自己的能力也受了限制。有些孩子性格较坚强，有些所处环境较有利，他们就沿着正常发展的途径顺利地走向独立，不致退缩。语言的获得过程也类似，这是更高程度的独立，能自由地表达，但也有退缩的危险。这时的挫折经验可能是永久的，因为这时的所有印象都恒久地刻画、登陆下来。成人身上出现的语言困难，从猜疑不决到结巴、口吃，那是因为早期语言机能留下的缺陷。这些退缩现象发生在孩子的敏感期，此时他对有利的帮助很敏感，对于强烈的挫折也很敏感，这伤痕会跟着他一辈子。任何形式的粗暴行为，无论语言或动作的，都会对孩子造成无可挽回的伤害，另一种伤害则是由于大人一味地拒绝与限制。那些请得起训练有素保姆的父母得注意，你的保姆是否经常对孩子说“不可以！”或“不准做那个！”，这也会造成某种形式的语言障碍，这在上层社会也常见。有些人不是没有勇气，但就是讲话时会犹豫或是结巴。

成人有许多不自觉的惧怕或紧张习惯，可以追溯到孩童时代所受到的粗暴待遇，所以仔细研究童年生活对了解人性是十分重要的。老师应着手去发掘、洞悉孩子的心灵，如同精神分析师深入成人的潜意识一样。需要有人做孩子及其语言的诠释者，我自己的经验印证，孩子会与你更亲近，知道这里有他需要的帮助，他会对你产生不一样的情感。当你拍拍他、摸摸他的头，他也会领受其中的善意，但诠释者对孩子是莫大的希望，重新为他打开这世界已关上的门。这样的协助能建立最亲密的关系，胜过一般的感情，因为你不仅给了他安慰，更给予实际的帮助。

动作及其在教育中的地位

智慧是透过动作发展的；世界各地的实验都证明，运动有益心理发展，心理发展又表现在进一步的运动中，这是一个循环过程，这个循环必须完整，因为心理与动作同属于一个整体。

动作是神经系统的总结与目的，没有它就没有个体。神经系统包含大脑、感官、神经与肌肉，使人与这个世界发生关系，不像其他身体器官系统，主要是为个体服务，所以称为植物生命的器官或无意识的器官。这种无意识的器官助人享受身体的净化与健康，但神经系统有一个更高的目的，就是心智的净化与提升。动物的行为不仅趋向美感与优雅的动作，还有更深的目的，就是协助整个大自然的动作，所以人也有一个目的，不仅要比别的生物更纯净、完美，还要运用他丰富的心灵、崇高的德行为他人服务。发现力量的同时，也要构成密切的环节，这点不仅在生活上要考虑，在教育上也要如此。如果我们有大脑、感觉、与运动的器官，一定要运用它，如果每一部分都缺少练习，我们将无法掌握它们。

动作是完整思考过程的最后一部分，精神的提升必须借着活动或工作。一般人总认为肌肉运动只是为健康，所以他们打网球或散步以促进消化并睡得安稳。这种错误也悄悄地进入了教育，其荒谬如同把尊贵的人一下子贬为牧童的仆人。把尊贵的肌肉系统变成无意识器官的工具，只为使它们的功能发挥得更好，这是很大的错误。生理生命完全与精神生命分开，所以学校把游戏列入其中，只为使学生在运用头脑之余，勿忘锻炼身体。没有错！好像精神生命与体能游戏没有直接关系，可是我们不能把造物者已经放在一起的东西分开。如果我们认为身体就是身体，精神就是精神，二者不能混淆，我们就打破了环环相扣的关系。不能随意活动的消化与呼吸功能，一般来说与大脑无关，然而动作应该是整个生命的仆人，且关系到这个世界精神层次的经营、管理。

基本来说，人的活动都应运于中心——大脑——成摆在适当位置。精神与动作是一个完整结构的两个部分，只是动作的表现较突出。没有大脑，人就只长成一团肉；如同骨头断了，大腿就失去了活动能力。我们的新教育把这关系看得十分重要，就是心智发展必须与动作相连，而且凭借运动来发展。没有动作就没有进步，也没有精神的健康。这个真理不需要形式的示范与证明，而是静观自然，搜寻它的事实，尤其是从观察孩子的发展得到确认。科学的观察显示，智慧是透过动作发展的。世界各地的实验都证明，运动有益心理发展，心理发展又表现在进一步的运动中，这是一个循环，这个循环必须完整，因为心理与动作同属于一个整体。感官也是其中的一环，任何感官的缺陷都使智慧无法充分发挥。

动作发展应该是心理高层次的表现或反映，这是合逻辑的。那些受大脑指挥的肌肉，叫做随意肌，由人的意志支配，而意志是主要的能量，没有它就没有心理活动。肌肉构成身体的大部分，使身体具有形状。肌肉的数量很多，粗壮的、细小的、长的、短的，各有不同的功能。有一件稀奇的事是：当一束肌肉往某个方向运动时，另一束肌肉就会往相反的方向运动，精细的动作就是凭借这相对的运动发展出来的。个体本身并没有意识到这种相对运动，但动作就是这样进行的。对动物来说，完美的动作由造物者所赐，老虎松鼠等自幼就有许多打斗的游戏，从而获得动作的和谐。人类出生时并没有这种机能，必须自己创造出来，要借着在环境中不断练习的经验。运动不是为运动，而是促进协调。协调并不是自幼形成的，要自己创造出来，并经由心理趋向完善。

人类的这一特征能从事各种活动，范围超过所有动物，甚至还能模仿他们。人类有全面性的动作技巧，但有一个条件，他得先在潜意识中兴起意识，然后自顾地重复练习以达到协调。他的潜能很丰富，可以选择要运用哪一部分。一位体操选手并不是天生有一组特别的肌肉，一位舞者也不是生来就有细腻、优美的动作，这些都是运用意志发展出来的。所以没有什么是天生的，但在意志的指挥下，任何事都有可能。而且人并不都做一样的事，像动物属

让孩子学会帮助分类整理衣物，这有助于帮助他们每天早晨起床后选择穿什么样的衣服。

于同一品种一样。每个人有他自己的发展，“工作”是他心理生命的主要表现。不工作的人有很大的精神衰退的危险。虽然不可能每一个肌肉都锻炼到，因为数量很多，可是运动不足以对心理生命造成伤害。有鉴于此，体育才被列入学校教育的课程，可是有太多肌肉没机会练习到。

心理生命需要运用更多肌肉，但是背后的动机主要不是为实用性，如现代学校中的技术课程。真正的目的应该是，培养动作的协调以丰富心理生命，否则大脑就要在中枢之外另发展一套动作，一定会造成世界大乱。工作也许不能立即达到艺术境界，但自我的实现、精益求精必须借工作，实际上借动作发展所达到的自我调整需要扩张，这种扩张是没有限制的。

对大部分动物而言，四肢是同步发展的，只有人的大腿与手臂是分开发展，而且功能各异。像走路与平衡的发展对所有人类是固定的，所以可称为生物的事实。所有人的脚都做一样的事，就是走路，但手就不一样了，没有人知道它的底线。虽然脚的功能是生物性的，要依赖大脑内部的发展，使人可以用两脚走路，而不像其他哺乳类动物用四脚。当人学会了两脚走路的艺术时，他就能保持直立的平衡，这是高难度的动作，需要把脚平放在地上，而不是像其他动物踩着脚尖走，这又是一项胜利。而手就没有这种生物倾向，它没有固定的活动模式，但它有心理的脐带，不仅依靠个人的心理状况，还要随着精神生命的不同时期、不同种族而有差异。

唯独人可以有手脑并用的活动，早在远古时代就留下工作的痕迹，因文明的不同，有的粗糙，有的精致。有些模糊的时代，甚至连骨头都没留下。我们仍能从一些艺术品了解他们的生活，有的文明留有巨石类的建构，令我们很稀奇；有的留下较精致的遗迹。手是跟着智慧、心灵与情绪走的，随着人的漫游留下不少痕迹。撇开心理学的观点，人类所有环境的改变都是借着手完成的。因为手总是伴着智慧而建立了文明，我们可以说手是带给人类无限财富的器官。

巧合的是，古代手相学就是建立在“手是心的器官”的认识上。看相的人说，人的一生都已写在他的手上。所以孩子心理发展与手的发展研究密切相关。当然，如果不用手，孩子的智慧也可以发展到一定的水准；但是如果运用它，就可以发展得更好，经常用手的孩子肯定有更强的性格。如果因环境的压力，孩子没机会用手，孩子的性格就会较差，不好动、也不服从、慵懒、闷闷不乐；而经常用手工作的孩子，性格就坚定多了。埃及文明中有一个有趣的插曲，当手工艺在艺术、力学与宗教领域达到最高峰的时候，在人的墓志铭上，所刻最高赞美的话就是：“这是个好性格的人”。

在研究语言时，很清楚地发现，说话与听力有关。同样，动作与视力也有关。动作的第一瞳是要抓住或是把握，一旦抓住东西，手就进入意识范围，刚开始是本能的动作，然后变成意识性的动作。六个月左右，孩子的动作都是有意的。在十个月左右，环境中会有许多引起他兴趣的东西，他想要去拿一些东西，所以抓握的动作就伴随意愿行动。他开始运用手做许多活动，改变东西的位置、开门、关门、拉开抽屉、塞回瓶盖等。经由这些活动，他获得了能力。在这段时间，没有其他的肢体能唤起智慧或意识的功能，虽然这时指导平衡的小脑加速发展。环境帮不上忙，当小脑下命令时，孩子会挣扎地坐着，然后又能扶着东西自己爬起来。起先，孩子肚子贴在地板上，用四肢爬行。如果在这段爬行时间，有人用两根手指牵着他，他就可以用脚一前一后地站着，不过是以脚尖站立。最后当他完全靠自己站立时，已可以把脚板完全平放在地上，如牵着妈妈的裙子就可以走路。不久就可以完全靠自己走，获得新的独立成就。此时如果成人继续扶助他，反而可能成为发展上的障碍。我们不需协助他走路，如果他的手要工作，我们就应给他机会，放手由他去，使他朝向更高的独立迈进。

在一岁半时，会有一个重要且明显的现象，就是手和脚变得很有力。因此，孩子在做任何事的时候，都会使出全身的劲来。在此以前，身体的平衡与双手各自分别发展，现在开始衔接，常常一面走一面搬着东西，好像不是他能负荷的比例。手已学会抓握，现在又练习负重。你可能会看见这个年龄的小孩，拿着一个大水罐，小心翼翼地慢慢走，避免水溢出来。还有一个倾向就是挑战地心引力，光是走路还不满足，他喜欢攀爬，抓住一个东西把自己提上去。接下来就是模仿期，如果许可的话，孩子想学着周围大人所做的一切事。所以发展的逻辑很清楚：首先孩子准备他的工具——手与脚，借着练习变得有力，然后观察别人做什么，接着开始模仿，为自己准备生活与自由。

在这活动期，孩子其实是个了不起的步行者，需要练习走长路，成人反而坚持要抱他，或放在娃娃车里，可怜的孩子只能用想象代替实际。‘他不能走，我们抱他吧！’‘他不会做，我们帮他做吧！’在这生命的临界点上，是我们这些成人在孩子心中制造了‘自卑情节’。

模仿与活动周

成人必须了解走路对孩子的意义；成人认为孩子不能的原因是他们期待孩子照着大人的速度走，当孩子因为腿短跟不上时，大人就把他抱起来，这样可以快一点到达目的地。但孩子并没有特定的地方要去，他走路就是为了要走路，要帮助他，大人就要配合他，而不是要求他跟上自己的步伐。

一岁半左右的孩子已经成了心理学家最感兴趣的焦点，也成了教育上最热门的话题。就生理学而言，这是上肢与下肢协调的关键点。就心理学而言，这是一个将要揭开‘丰富人生’的前夕，因为两岁时即将进入语言的爆发期，他已经使出浑身解数、掏尽所有。

我们知道这个时期的孩子，无论做什么事都是用尽全身的力气，所以应该支持他，他很快就能出现模仿的本能。人们总是说孩子爱模仿，但这是很表面的说法，我们会要求为人父母及师长要做好榜样，给小孩作示范。这个结果总是不甚愉快，因想到他们要作完美的榜样，可是明明知道自己差得太远。我们都希望孩子成为一个完美的人，认为孩子可以因模仿我们而变得完美，可是我们自身又不够完美，所以这是一个永远没有希望的死胡同。但造物者的逻辑不是这样。

重要的是孩子要准备好才能模仿，如何准备才是关键问题，而且得靠他自己的努力。这个努力不包括在模仿里，而包括在心灵所创造的模仿可能性里，希望转换为自己所想望的。一个孩子不可能仅靠模仿就成为钢琴家，他必须先预备他的手，使手很敏捷、灵巧。以更高的层次来说，我们不可能只对孩子讲英雄或圣人的故事，就使孩子变成英雄或圣人，除非他的心灵已装备好。模仿可以提供愿望和兴趣，但必须有事先的准备才能实现。造物者不仅赐给了模仿的本能，也给了达成愿望所需要的努力，所以相信‘帮助生命’的教育家，必须研究有哪些途径可以提供孩子‘努力’的机会。

这时的孩子会想要做一些工作，大人也许觉得很荒谬，不过没关系，他需要不停地工作直到有结果。有一种内在生命的驱力要迫使他完成工作，如果这种心理驱力的周期被打断，他就会从常态偏离出去，变得没有企图心。

让孩子动手劳动，能给他们提供宝贵的学习机会，并懂得帮助他人。

与这个工作周期连带的重要问题是，这是为未来生活的间接准备。人的一生都是为未来作准备，例如我们常谈论到某个人有了不起的成就是因他以前做过什么，也许表面上与他目前的事业无关，但是以往努力工作所锻炼出来的精神是一种间接预备。精神扩张才带来今天的成就，所以一定要有完整的工作周期。成人尽管觉得孩子的工作很荒谬，也不应该随意打断他，只要对生或身体不至造成伤害，就由他去罢！孩子必须完成他活动的周期。

孩子的工作可能有不同的形态，有的不知什么原因，就是要去拿他拿不动的东西。我在一个朋友的家里，看见一个幼儿在搬很重的凳子，一个接一个从房间的一端搬到另一端。这个年纪的孩子，就是喜欢来来回回做同样的事，直到累了。而成人的一般反应，总是想要去帮忙，但心理学家已警觉到，如果打断孩子自己选择的工作周期，会造成孩子最大的压抑，导致日后的障碍。另一个最爱是爬楼梯，目的并不是想爬到上层，到了上面后，他一定要下来回到起点，才算完成一个活动周期。我也看过一个小孩爬非常陡的楼梯，每阶都有半个孩子高，他必须用双手把自己拖上去，腿也很吃力地弯曲着，但他就这样到了顶端——四十五阶。当他往后看想知道自己爬了多高时，一个不平衡，就滚了下来。还好地毯很厚，只受了一点轻伤，当他摔到了最底层时，我们以为他会哭，没想到他满足地笑起来了，仿佛在说：‘上去不容易，下来可真快！’

有时这些‘挑战’对专注的养成与动作的协调很重要，不只是锻炼力量而已。有一个一岁半的孩子，自由地在房子里逛来逛去，当他来到洗衣房时，有十二条桌布已洗好并烫好、叠在一起，准备收起来备用。这孩子走过来用双手拿起最上面的一条，很高兴地看了看，然后沿着走廊走到尽头，小心地把桌布放在角落的地板上。完成后又回来拿第二条，直到全部拿完，每次拿的时候都说：“一”。当桌布都搬到新的地方后，我们以为他的工作完成了，可是没有！就在他放下最后一条时，他又开始把他们搬回原来地方，仍是一条一条的，照样每次说：“一”。他的专心度实在令人惊讶，离开我们面前的时候，他带着满足的表情又去找另外的工作了。

在两岁时，孩子需要走路的练习，这是大多数心理学家没有考虑到的。他能走两至三公里，如果有一部分是上坡的话更好，因他喜欢往上走，但麻烦点是周围‘有趣的事物’。成人必须了解走路对孩子的意义，成人认为孩子不能的原因是，他们期待孩子照着大人的速度走，当孩子因为腿短跟不上时，大人就把他抱起来走，这样可以快一点到达目的地。但孩子并没有特定的地方要去，他走路就是为了要走路，想要帮助他，大人就要配合他，而不是要求他跟上大人。这里可以很明显看出‘跟着孩子，配合他’的重要性，这也是蒙台梭利教育在各方面的基本原则。孩子有他自己生长的法则，如果我们要帮助他成长，就要因势利导，而不是把我们的意志强加在他身上。孩子不仅用腿走，而且用眼睛走，是周围有趣的事物吸引他不断向前走。当他走过羊圈看见吃奶的羔羊，很可能受吸引，坐下来看一阵子。尽兴之后，他会继续往前，看见花也会停下来闻一闻。过一会儿又被一棵树吸引，绕着它走四、五圈后，再继续往前。孩子在这种情况下可以走个几公里，中间会有许多停顿、休息，以及有趣的发现。如果路途上还有一些适度的考验，如爬过一个大石头，或涉过小水塘，他可是要乐歪了。水是最能吸引他的，他常常会坐下来高兴地说：“水！”哪怕只是大人不可能注意到的涓滴细流。所以他的想法与看顾他的保姆完全不同，保姆总希望尽快到达目的地。保姆牵着孩子去公园散步，或让他坐在娃娃车里，总是戴着连身的大帽子，孩子看不见太多东西。

教育必须为这个走路的‘人’着想，他走路是为了探索。所有的孩子都是以这种方式走路，是兴趣在导引他们。大人可以利用这个时机介绍颜色、形状、叶片的名称，或昆虫、鸟类、动物的栖息地等。当他到户外时，这些都会引起他的兴趣，他知道的越多，走得也就越多，走路本身就是一个完整的运动，不需要其他的体能训练，走路比其他运动更有益于孩子的呼吸与消化功能。身体的健康要靠走路，如果孩子发现有趣的东西捡起来，或加以分类，或挖个小沟，或捡些枯枝回去烧，这些如果也伴随着走路，就会使这个运动更完整了。

上述内容必须包括在教育里，尤其在都市化的今天，大家坐车的机会多于走路的机会，人也会变得懒惰。生命被截成两段，运动的时候运用肢体，而读书的时候则运用头脑。生命必须是一个整体，尤其是早期孩子在建构他的人格时。

要大人了解并尊重孩子依循自然成长的独立性，且不加干涉是十分困难的。于是心理学家会寻求一个适合孩子自由工作的地方，所以有适合年幼孩子的学校兴起，甚至一岁半就可入学。这些学校有各重设施，如树上小屋，有格子可以爬上爬下。这个小屋不是用来住的，而是为诱导孩子的攀爬活动。有人说，如果我们要培养自由、民主社会的称职公民，教育就不可太早开始。我们既然讲自由、民主，怎么可以在生命刚开始的时候，就让孩子忍受暴虐、服从独裁者呢？我们怎可一面讲民主，一面又培养奴隶呢？真正的民主就应在生命的早期开始培养，而不是成人阶段。如果这些孩子的能力一再被削减，变得短视、心灵疲惫，身体也然受到摧残，意志常遭大人践踏，因为大人常说：“把你的意见扔在一边，听我的！”那我们又怎能期待他们在结束学校生活进入社会时，能运用并发挥他们自由的权力呢？

三岁孩子进入意识与记忆阶段

三岁的孩子必须为他自己摆弄东西。如果给他依其身材比例制作的东西，容许他学着大人一样操作，他的整个性格就会变得平和、满足。

造物主好像在三岁阶段画了一条界线，把三岁以下和三岁以上分开。前者虽然充满创造性及重要事件，但如同出生前的胚胎期一样，成了遗忘的年代，因为三岁才开始进入意识与记忆阶段。在心理胚胎期，有些发展是分开、各自独立发展的，如语言、四肢的运动与协调以及部分感觉的发展，好像身体的器官在产前一个接一个的出现，但是他一个都不记得。这是因为人格尚未形成，只有当各部分都完成时，这种统合才可能。这个潜意识与无意识的受造物，这个被遗忘的孩子，似乎从人们的记忆抹去，当他满三岁来到人们的面前时，似乎成了一个不可理解的人。

他与我们之间的沟通似乎被造物者挪走，除非我们知道他早期的生命，或认识他的本性，我们很可能会不自觉地毁坏他已建构好的部分。人已经离弃生命的自然道路来创造文明，受文明洗礼的人类只知保护物质，却不知保护人类的心灵，结果留给孩子的是监禁——充满了障碍的环境。

孩子完全在大人的监管之下，除非他们有来自造物者或科学发现的启示，否则这些成人会给孩子的成长造成极大的阻碍。三岁的孩子必须借着在环境中活动才能继续发展，以运用这三年来所创造的能力。他已忘记那几年发生的事件，但所创造的能力已浮到意识层次，要借由活动来实现。由智慧导引的“手”借着玩耍，执行心灵的意志。

似乎对孩子来说，之前借心灵探索世界，而今又借双手探索世界。他要使以前获得的能力更趋完善，如语言等。其发展固已完备，但还要持续扩充内容直到四岁半。其心智仍拥有心理胚胎期的吸收能力，他不知什么是疲倦。如今双手又成了理解事物的直接器官，此时的发展主要凭借双手的工作而不是双脚的漫游。这个年龄的孩子能持续地玩耍，如果能双手不停地忙碌，他反而会如鱼得水般的快乐。成人称之为幸福的游戏年代，市面上也设计了许多玩具来迎合孩子活动的需求，结果他被塞满了许多无用的玩具，而不是有助心智发展的工具。孩子想触摸每一件东西，但成人只允许他触摸某些特定的东西。真正可以触摸的是沙子，水也可以玩，但只能一点点，因为水会弄湿衣服。水和沙子会把衣服弄脏，要麻烦大人洗。当他玩腻了沙子，大人就给他扮家家酒的玩具，有小厨房、小屋子、玩具钢琴等，这些都不是真正能用的东西。他们看出来孩子想学大人一样做家事，可是给的东西又不是真的，实在可笑！

没人陪的孩子，父母会丢给他一个假人——洋娃娃，当然洋娃娃可能比难得陪他的爸爸、妈妈实际一点，但洋娃娃不会讲话，也不会回报他的爱，只能勉强作为与社会接触的代用品。玩具变得渐渐重要，因为人们认为有助智力发展。这当然好过没有东西玩，但问题是孩子很快就厌倦了，又要新玩具。孩子有时故意把玩具弄坏，人们以为他喜欢把东西拆成碎片，或有破坏欲，但这是人为造成的性格，因他没有适合的东西可以摆弄。孩子不会很喜欢这些玩具，因为它们不是真的。所以孩子变得无精打采，不能专心，渐渐脱离常轨，甚至人格扭曲、出现偏差。其实这个时期的孩子有意且认真地要在各方面模仿大人，以使自己更完美，可是这种努力总是被否定，使他不得不走向偏差。

越是高度文明中的孩子越可悲，生在简单社会的孩子就平和、快乐得多，可以自由使用周围的东西，因为那些东西不是那么昂贵，不用担心会打破。母亲在洗衣服、烤面包时，孩子也可以在一旁参与，如果找到适合他的事，就能为自己准备生活。

学会使用筷子，对孩子们进行手的训练是一件非常有益的活动。

这个事实毋庸置疑，三岁的孩子必须为他自己摆弄东西。如果给他依其身材比例制作的东西，容许他学着大人一样操作，他的整个性格就会变得平和、满足。他不在乎生活环境里不常有的东西，因为他的玩耍是要让自己适应所处的世界，而且造物者的旨意是使他享有完成事物的快乐。所以“新的教育方式”是提供合乎孩子力量、尺寸的东西，以引起他活动的兴趣。好像成人在家或在田间工作的方式一样，孩子也应该有属于他们的家和田园。不需给他们玩具，而要给他们一个家；不需给玩具，而要给他们可以用小型工具耕耘的园地；不用给他洋娃娃，而要给他一群同伴，让他们去体验社会生活。我们用这些来取代过去的玩具。

一旦消除这些障碍，把虚假的玩具扔在一旁，给他真实的东西，他的反应可能出乎意料。孩子会出现不同的人格，坚持他的独立，拒绝帮助。他清楚地表示要独立做事，而使母亲、保姆、老师都感到惊讶，成人只能在一旁作观察者，现在孩子成了环境的主人。

我的早期实验就是许多年前很幸运在罗马看到的事实，如果不是因为情形特殊是看不到的。如果当初儿童之家是设在纽约的高级住宅区，可能不会发生值得注意的事，就像许多有钱的学校也许并不缺乏可以摆弄的物件，但许多其他的事就可能带来成长的阻碍。

当初有利实验的三个环境因素是：

1. 学校位于贫穷且社会情况艰难的地区。穷人家的孩子可能苦于物质的缺乏，但他拥有自然环境，所以内在是富有的。

2. 这些孩子的父母都是文盲，无法提供孩子所需的帮助。

3. 老师都不是专业的，所以不受传统训练的偏见影响。

如果在美国，实验可能不会成功，因为他们要找最好的老师，而“好老师”则意味着他学了一堆对孩子没有帮助的东西，而且满脑子都是与“孩子自主”相反的理念。老师一味地把自己的理念强加在孩子身上，只会阻碍孩子。如果我们希望实验得到成功，最好以贫穷孩子为对象，提供他们未曾经历过的环境。给予科学设计的教具，在引起热烈的兴趣后，来唤醒孩子的专注力。40 年前这个实验引起了很大的震撼，因为人们从来没有看过三岁小孩有这样的表现。然而专注只是基本的表现，接下来他们会一项一项地去探索、操作，忘情地流连其中。在过去无法使他满足的传统环境中，他总是跳来跳去，无法专注于任何一件事，但我们已经证明这种情形不是他真正的性格。

我们必须认识到，三岁孩子的内在有一个老师，一直无误地引导他。当我们说一个自由的小孩，意即他是跟随内在强有力的自然引导。受自然引导的孩子会把工作做得很彻底，例如，我们原只期待他擦桌面，但他连桌脚、桌边、底面、缝隙都能擦到。如果老师给他自由、不加干涉，他就会全神贯注投入工作。大多数老师总是忍不住不断地打岔、施教，所以习惯受内在自然引导的孩子，无法与爱施教的老师相处。老师可能认为他应由易而难渐进地引领孩子，由简单到复杂，然而孩子可能喜欢先难后易，甚至有时是跃进式的。

老师的另一个偏见就是对疲劳的看法。当孩子兴趣浓厚的时候，是不会觉得疲累的，可是老师每几分钟就要他换种方式并休息一会儿，反而使他失去兴趣并感到疲累。所以一般从师范学校毕业的老师，根深蒂固的持有这些偏见，几乎无可救药。今日大多数大学也都持这种偏见，认为每 45 分钟就应休息一下，这实在是致命伤。教育学的世界是遵循人的逻辑，但“自然”却有不同的逻辑、不同的法则。人的逻辑把心智活动与身体活动当成两回事，认为心智活动就应安静地坐在教室里，身体活动就应把心智摆在一边，这等于把孩子切成两半。当孩子思考的时候，不准他使用双手，但自然却显示孩子不用双手便无法思考，甚至他还必须不停地走动，像希腊四方游走的哲学家一样。动作与思考同时进行！

我们尽最大努力帮助老师脱离这些偏见，我们最大的成就也在这里，他们大部分能脱离。如果大体的教育还有设想的空间，而受过训练的老师稀少，我们只要说："谢天谢地！这是很理想的情况"。

当然，新老师必须了解某些基本的事情。例如，在我的第一个实验学校，我亲自指导我的助理，她是公寓管理员的女儿，我告诉她为孩子示范教具特定的使用方法与顺序后就可以走开，让孩子自己操作。她虽然没受过教育，但执行得很好，所以当孩子的表现十分完美时，她也很惊讶。她以为有什么天使或神灵替他们做，有时会十分震惊地跑来跟我说："夫人，昨天下午两点钟，孩子开始写字了！"从孩子结构漂亮的句子来看，似乎有神力与他同在，因为孩子从来没写过，甚至还不会阅读。

经验告诉我们，老师必须学会放手，保姆要为孩子准备好材料，让他们自己动手。我们的工作是要证实给老师看，干涉是没有必要的，即使做错了也没关系，这叫做"非干预教学法"。老师需要判断孩子可能需要什么，如同仆人细心地为主人准备好饮料后退下，由主人随意饮啜。老师也要学会谦卑，不要把己意强加在孩子身上，并同时保持警觉，注意孩子的进展，准备孩子进一步所需要的教材。

中下阶层的家长最热心配合我们的教育方法。当孩子写出第一个字时，不识字的父母会高兴得把他们的孩子举起来；然而有钱人家的父母，只会表示淡淡的兴趣，可能还会追问学校有没有停止教美德方面的课，至于写字的成果好像无关紧要。想要做打扫工作的孩子，父母却会对他说，这是佣人的工作，他来学校不是为了学这些低贱的工作。另外一个妈妈认为自己的孩子太小，还不适合学算数，怕影响大脑的发育而出面阻止。所以孩子有很复杂的情结，既有优越感又有自卑感，成了心智上的跛子。

在我们的教育实验里，外人认为很糟的却具有实际的价值，其效果不仅影响孩子，也影响家长。在最初的儿童之家，孩子开始练习与家务有关的活动后，回去告诉他们的母亲，衣服上不可以有污点，不久，母亲的衣服开始变得洁净无瑕，也很注意整齐。不少父母开始想学读写，因为孩子已经学会了，整个社区的气氛、环境因孩子而开始改变，好像我们的手中有根魔杖。

人类心灵的发现

这个爆发不是任何教育方法所引起的，因为“方法”那时还不存在；心理学追踪、研究它，才建立了方法，是孩子内在爆发后产生的“结果”。报纸头条称之为“人类心灵的发现”。

我的早期实验中最先引起公众注意的就是孩子“书写爆发”现象。它不仅是一个孩子书写的爆发，还是孩子内在潜能的爆发。一座山表面看上去十分稳定，似乎永不会改变，但其内在则可能蕴藏着岩浆、火焰，总有一天会穿透地壳爆发出来。透过检验爆发出来的火焰、烟硝以及其他不知名的物质，研究人员便能了解地球的内在成分。我们所说的“爆发”也是如此，它之所以会发生，正因环境中没有什么桎梏它的因素。穷困、无知、缺乏老师，还没有课本，也没有教条，其背景几乎是一片空白。正因为一无所有，孩子的灵魂才得以无拘无束地展现。在此所有的障碍无形中都不见了，也没有人知道障碍到底是什么。不过对此我们要强调的是，这一爆发并不是由任何教育方法所引起的，因为那时“方法”并不存在。只是随着心理学对它的追踪、研究，才建立了方法，它是由孩子内在爆发所产生的“结果”。为此有些报纸的头条把它称为“人类心灵的发现”。

随之产生的科学也不是建立在直观思维上，而是直接的知觉上。我们所观察到的事实可以分为两类。一类显示孩子的心智在相当幼小的时期就可以吸收文化，而且只是凭借他自己的活动来吸收；另一类是个性的发展要及早开始。虽然老一辈教育家觉得对孩子实行这种教育还太早，但他们错了，因为他们认为是成人把孩子的性格教好的。实际上把邪恶转为良善是一辈子的事。3 ~ 6 岁是性格发展的关键时期，如果没有阻碍的话，每个孩子都会依自己的法则去发展。

孩子之所以能集中心思于他脑子里的事，就是因为在前一时期（0 ~ 3 岁）他从环境所吸收的一切。任何他所获得的东西都会留在脑子里盘桓酝酿，书写的爆发就是由于他先前学会了口语、说话。语言的敏感期在五岁半到 6 岁间开始，只有在这个年龄开始学习书写才会使他兴奋，并乐此不疲，到八、九岁时就没有这样的热情了。可以看出，孩子动用书写器官是经过间接预备的，“间接预备”这一概念已成为蒙台梭利方法的一部分。我们已经知道，造物者就是在胚胎期作了间接的预备，它在器官未成熟之前是不发出命令的。单单模仿或强迫服从是没有用的，必须先有内在的预备，服从才有可能。所以我们要给孩子一个“预备好的环境”，使他的心灵在其中得以自由施展。

在语言发展方面，孩子很小的时候，口语方面的进展似乎就是照着文法的顺序进行的，即由音节到名词、形容词、副词、连接词、动词与介系词等。所以我们认为，在第二个时期也应按照文法的顺序来帮助他，由此我们的语言教学就是在教他们文法。文法应该在 3 岁时就教给孩子，甚至在读、写之前就开始。按照通常的看法，这样做似乎是荒谬的，但事实上这时的孩子在学习上表现得十分热切，年龄更大的孩子反而不如他们。文法毕竟是语言的架构，孩子需要吸收它，并从中受益。

我请的老师受教育不多，他们发现孩子十分渴望学单词，孩子认识多少，就可以写多少。而当老师的字库用尽后，他们又到我这里来以学得更多的词。于是我们想试验看，他们是否能接受深一些的文化术语，如多边形、梯形等不同几何图形的名词，以及其他类似难度的词。孩子竟然能很轻松地一天就学会。然后我们向他们介绍科学实验器材，如温度计、气压计，以及生物学方面的名词，如花瓣、花托、雄蕾、雌蕾等。他们还会热衷地想跟我们学习更多。3 ~ 6 岁是一个对词汇无止境渴求的阶段，无论多长或多复杂的词汇，无论动物学、地理学或其他的，他都表现出极大兴趣。困难点反而在老师身上，他们对那些名词十分陌生，很难记住它们的意义。

孩子对实物的概念，已渐渐能超越眼前的限制而表现得具有想象力。他们在游戏中把桌子当房子，椅子当马，能幻想仙女或仙境的轮廓。如果身体有地球仪的话，他们还能想象美国或世界的景象。当一群 6 岁的孩子在一起讨论地球仪时，有一个不到 4 岁的孩子跑过来说："让我看一下！这是世界吧？哇！现在我知道我叔叔环绕世界三次是怎么回事了！"他已了解到他们手头的地球只是个模型，真正的世界是很大的。

一个不到 5 岁的孩子也想看看大孩子们正在玩的地球仪。他们正在讨论美洲，没人注意他。"纽约在哪里？"他突然问道，他们便指给他看。他又问："荷兰在哪里？"在他们把荷兰指给他看之后，他又指着地球仪上蓝色部分说："那么这块一定是海。我爸爸一年去美国两次，住在纽约。当他出发以后，妈妈就对我说爸爸正在海上。过了一阵子，妈妈又说他已经在纽约了，再过一阵他又到了海上，还说过不久我们要去鹿特丹接他。"在此之前他已听过很多关于美国的事，现在终于发现它在那里，所以感觉非常快乐。在他的心智地图上又找到了一个定位点，如同原先在外界物理环境中找到一个定位点一样。在建立他的心智世界过程中，他先从家里的长辈那儿收集了许多词汇，再用他的想象力将其拼凑起来。眼下 6 岁以下孩子的想象力，一般都耗在玩具或虚幻故事上，我们的确可以让他们想象真实的事物，把他们放在与环境更精确的关系上。

在他们这个年龄段，另一个熟知的特征是总爱问问题，总想知道事情的真相。大人应把它当作一件有趣的事，不要感到厌烦，因为我们正面对一颗

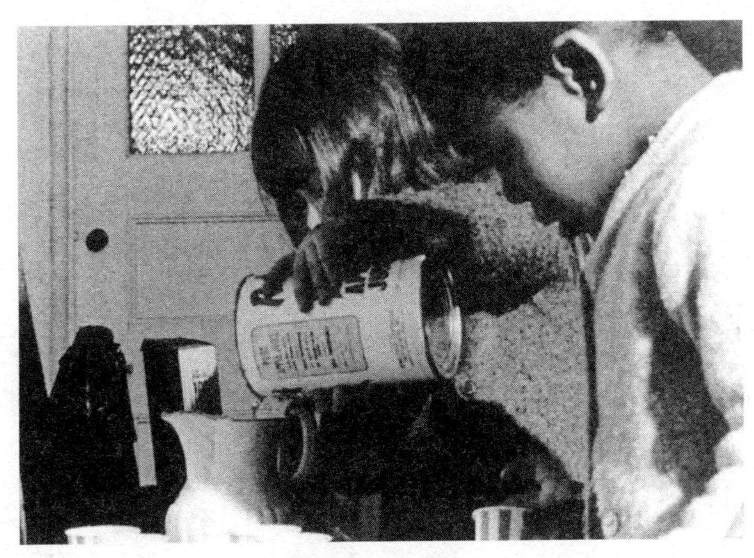

孩子们在分发果汁

求知的心。同时要注意，孩子也无法接受冗长的解释，他们只需给出简单的答案，尽可能用实物来说明，如同用地球仪来回应孩子的地理问题一样。

老师要做好特别的准备，因为不是单单通过逻辑思考就能解决孩子的问题。我们必须了解孩子在前一阶段的发展情况，放下先入为主的观念。对待 3 ~ 6 岁孩子的心智，我们必须有很大的机智与灵敏。庆幸的是，孩子从环境中学到的比从老师那儿要多，老师只需站在一旁，在孩子有要求时给予帮助就够了。

下面当我们触及孩子的性格与道德教育这类重要问题时，也需从不同的观点来看它。我们只能协助孩子性格的建立，性格是无法教的。6 岁是最重要的一个时期，这时性格已经形成，它不是由于外在的榜样或压力，而是靠他的本性形成的。出生后有三年时间十分重要，正如我们前面曾经提到过的，有许多影响可以改变孩子的性格。那时性格已显现出来，我们可以看出它的形成与发展是否有障碍，是否在不受压抑的情况下发展的。如果孩子在怀孕、胚胎、出生与产后的完整过程中都受到科学的照顾，到了 3 岁他必是个很模范的个体，但这种结果几乎难以实现，因为有太多障碍因素会影响他的发展。

如果性格的缺陷是由于产后的因素所致，它还不像胚胎期那么严重，而胚胎期的问题又不如成孕时那么严重。如果是产后的缺陷，还可以在 3 ～ 6 岁期间治愈，因为这是调适与修正的时期。但如果心智或生理的缺陷是由于出生时受到了惊吓，或是由于更早的原因，就难以矫正了。像白痴、癫痫、瘫痪这类疾病都是官能性的，我们对此无能为力。面对非官能性的问题，如果在 6 岁以前治疗的话，就有可能治好，否则问题不仅存在，还会更严重。在一个 6 岁的孩子身上可能累积了许多本不属于他的性格，它们是从后天的经验中得来的。一个在 3 ～ 6 岁期间被疏忽的孩子，到了 7 ～ 12 岁该发展道德良心时，可能就会有问题。它或者显得智力不足，或者缺乏道德品格或学习能力，成了一个满是伤痕的人，只能背负着以往心灵受到打击的记号。

在我们学校里，以及其他现代化的学校，每个孩子都有生理状况记录，我们可以了解每个孩子在各个发展阶段的问题，并据此作出处置的判断。我们会询问他是否有遗传性疾病；孩子出生时父母的年龄；怀孕期间母亲有否经历过意外事件，神经是否受过创伤；生产过程是否顺利，是否因难产而窒息等。在家庭生活方面，我们也关心父母或保姆是否很严厉，孩子是否有受惊吓的记录。填这个问卷十分有必要，因为几乎所有孩子到我们这里来时，都带着怪异或顽皮的性格，我们必须对此追根溯源，只有在进行了解后才能给予治疗。

这些脱离常态的偏差行为会逐渐成为性格的一部分，它们大致可分为两类，一类是比较坚强的孩子会采取敌对的态度；另一类是较懦弱的孩子，他们只好屈服于淫威之下。坚强的孩子随时会发脾气、反抗、破坏、贪得无厌地占有、自私、心不在焉、胡思乱想或做白日梦。这些孩子时常大喊大叫或吵闹，爱戏弄或虐待小动物，总是馋嘴好吃。懦弱的孩子则显得比较被动，其偏差行为表现为消极，如慢吞吞、发呆、以哭泣的方式要挟、凡事依赖、怕陌生人、总是缠着大人；经常要人陪他，但很快又觉得无聊、疲累；他们甚至有撒谎、偷窃的毛病，以此作为重要的自我防卫形式。

甚至还有些疾病会伴随这些症状出现，其源头是心理问题，我们不可将之与真正的生理疾病相混淆。如有的缺乏食欲，有厌食症；有的则刚好相反，有贪食症，造成不消化或消化不良；常做噩梦、怕黑，以致影响生理健康，并引起贫血症。这些症状没有药物可以治疗，其病源是心理引起的。

孩子如有这些毛病，尤其表现得十分激烈，对做父母的来讲会感到十分不幸，他们对待孩子就像烫手的山芋，能送到托儿所或幼儿园去最好。这样虽然父母健在，他们仍像孤儿一样。有的父母会采取严厉的管教方式，如掌掴、责骂、不准吃饭就赶上床，这样孩子可能变本加厉，或转为消极的抵抗。之后父母可能又改为采取劝服的方式，或动之以情，问他“你为什么使妈咪伤心？”这些都没有效。对于消极、退缩型的孩子，父母倾向于任凭他们行事，做妈妈的可能还认为他们的孩子很乖、很听话。当他总是缠着她，没有她陪伴就不肯睡觉时，她还认为这是孩子很爱妈妈的表征。但不久她就会发现，她的孩子在走路与说话方面的发展要比别人的孩子迟缓。他虽然健康，但很胆小、食欲不佳，要一直靠讲故事来哄他。她只能安慰自己说，这是个神经质的小孩，将来可能是个诗人或圣贤，但过不了多久，她就需要请医生开药方了。

我们早期的学校之所以出名，其原因之一就是这些消极症状都不见了，关键就在一件事上，我们的孩子可以自由自在地在为他们预备的环境中，完成他们的实验（或工作），这些“工作”能滋养他们饥饿已久的心灵。一旦兴趣引发出来，孩子就会一遍又一遍地练习，其专注性可以从一个工作转移到下一个工作。当孩子已经能靠着兴趣的吸引，达到专心的程度，消极的症状就会一个个地消失。杂乱的变得有秩序，被动的或捣乱的成了协助者。由此证明这些消极的性格不是其本性，而是由环境造成的。因此我们建议做母亲的要给予孩子感兴趣的工作，当他开始工作以后，不要任意打断他。给糖果、严酷的态度、药物都没有用，我们对惹麻烦的孩子绝不能感情用事，更不可称他白痴。当他需要心灵的“食物”时，那些作法都没有助益。智慧是人的天然本质，所以人对心灵“食物”的需求甚于物质的食物。人不像动物，他必须在生活与相关的经验中建构自己的行为，如果照着这一路径来安排他的生活，一切就没问题了。

恼人的纪律问题

给他自由，就会有纪律。不需要成人来作行为的指导或顾问，只需给孩子工作的机会，而这些机会以前是被拒绝的。

我们已经确定，道德教育就是一种性格发展，不需要教训、惩罚或立什么榜样，所有的缺失、毛病都可以消除，不需要威胁、利诱，只要给他相应的生活条件。

除了一般所谓的乖孩子、顽皮孩子，世人还标榜第三种孩子，他看来十分健康，有丰富的想象力，甚至联想力，家长认为孩子特别聪明，是优秀生。在我的学校所看到的是，当孩子专注于他感兴趣的工作时，这些性格都不见了。所谓乖的、顽皮的、优秀的孩子都融成了一个类型，个别的特点都消失了。这预示着这个世界并无能力评价好与坏，一般的判断并不准确。所有孩子都一心一意想投入工作，自发性的选择工作。新鲜有变化的工作能带给孩子平和与快乐，然后发生了他们中从未有过的事——自发性的纪律。这比书写的爆发更令参观者吃惊。孩子穿梭不停，自由地寻找工作，每个人都专心于不同的工作，表现得十分有纪律。秘诀是，给他自由，就会有纪律。不需要成人来作行为的指导或顾问，只要给孩子工作的机会，而这些机会以前是被拒绝的。

乍看之下，简直是不可能的：四十个儿童在一间教室，在没有老师监管的情况下安静工作，年龄又参差不齐，三岁到五岁不等。新闻报道说，简直是真的，就太奇妙了，结果令人不敢相信。参观者想揭穿我到底在玩什么把戏，因为他们坚信这不是真的。有人说这是我个人魅力或是催眠术带来的结果，但是我说："当我在罗马时，纽约也出现过这个现象！" 这不是孤立事件，而是普遍发生在我们各地的学校，已扩散到美洲、纽西兰、法国及英国。其他怀疑者则认为，老师已训练过孩子如何应付参观者，或者让孩子看他的眼神行事。但是从各国累积的见证，其共同因素就在这些'正常化'孩子的特别纪律，'正常化'是用来称呼我们学校里发展得很好的孩子，与偏差的孩子相对应。

第一所儿童之家的所有孩子均来自低收入家庭。阿根廷驻意大使也是怀疑者之一，他想亲自访问学校，但希望以不预先告知的方式来访，使学校无法专为其参观而作准备。他把他的意愿告诉意大利教育部长的女儿，她答应陪他前去并且不通知学校。他们忘记那天是星期四，刚好是意大利的假日，所以学校是关着的。有一个很小的孩子走上前来，问他们是否需要帮忙。他大概只有四岁，一般来说，这个年龄的孩子不太敢和陌生人讲话，但他表现得很自然大方。当他们告诉他想看看学校，可惜学校关着，可是他说："没关系！管理员有钥匙，我们小孩都住这里，我去叫他们。" 令这两个来客吃惊的是，孩子都自愿到齐了，并开始热心工作，尽管老师不在，但秩序井然。这位大使终于承认，没有比这更叫人信服的了，之后他也成为了蒙台梭利教学方法的坚定信徒。

另一个场合是在旧金山世界博览会，那时在中美洲刚好有巴拿马运河的通航典礼。在教育馆有一间小的蒙特梭利教室，有几面是玻璃墙，使参观者可以从外面看到里面的活动，不致因进进出出而干扰到孩子。当时的老师是帕赫丝（Helen Parkhurst）女士，教室晚上锁着，有负责人保管钥匙。有一天负责人因意外事件未能按时到，老师、孩子以及观众都在外面等待。等了许久，帕赫丝说："孩子！我们今天恐怕不能工作了。"但有一个孩子注意到一扇窗子是开的，说道："如果把我们抱起来，我们就可以从窗子爬进去工作。"窗子的尺寸只适合孩子，所以帕赫丝说："你们没问题，可是我进不去。""没关系！你不用工作，你就坐在外面和其他人一同看我们。"孩子回答道。就这样克服了困难，以至这种教学法获得了空前好评。

从六岁开始，孩子才能接受德育的教学，因为 6 ~ 12 岁的孩子良心开始觉醒，他们有兴趣讨论'对与错'的问题。如果在孩子 12 ~ 18 岁时激发他们宗教或爱国的情操，效果会更好。

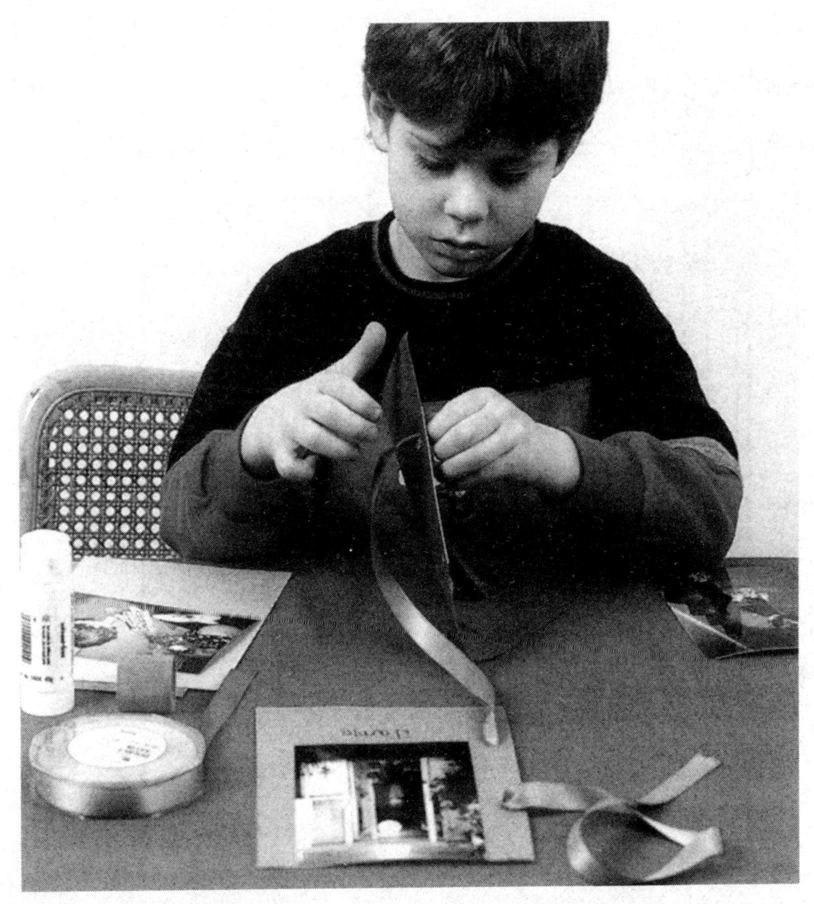

当孩子们学会粘贴东西的时候，他们就渴望做一本属于自己的小书了。

有关性格训练先入为主的观念总是‘意志与服从’的问题，一般的想法就是要约束孩子的意志，代之以成人的意志，要求孩子服从。这些话题十分容易混淆，需要给予详细说明。生物学的研究告诉我们，人的意志是宇宙力量的一部分，称之为荷尔美（Horme），这不是物理的能量，而是生命进化过程中宇宙的能量。进化是有规则的，不可能是杂乱无章或突发的。作为这种力量的彰显，人的意志必须用来塑造自己的行为，当孩子能完成一些活动时，就开始进入意识的层面，只有借助经验才做得到。顺着自然本性，他是服从自然法则动作的。

如果把孩子的自愿行为看做是扰乱或暴力，这是错误的。那些行为并不是孩子意志的表现，因他们是在荷尔美的范畴以外，如同误把一个人抽筋的扭曲动作当作是他的意志行为一样。如果我们把所有孩子或成人的失调行为看成是意志驱动的，很自然地会认为这样的意志要受限制，使他服从。一位大教育家曾说过：“教育的本质可以用一个词概括——服从。”人类的逻辑建议，只有使孩子服从，才能教导他学习所有美德，然后才能力行这些美德。这个思路好像孩子基本的罪行就是‘背逆’，这个问题反而不易解决了。

我很高兴这个问题并不是无药可救。骚乱或暴力并不是人的意志表现，那是遭冒犯痛苦的表现。击破意志是瞬间的事，但培养它可是漫长的过程，它是长出来的，有赖环境的协助。

这漫长的意志发展过程可以比诸纺纱，要在不断扩大的范围中给它活动的机会，意志的纺纱就会越来越粗壮。所有的活动要连到一个中心目标，即使像摆设桌子或分配食物，孩子的自由意志皆不断地导向同一个目的。我们的社会是借意志而凝聚的，甚于因同情心的凝聚。情结不是首要的，意志才是凝聚的力量，当所有人都想或心口合一地要同一件事情时，一种联系就产生了。这是出自冷静的行为，而不是由于行动，是相当奇妙的事。但是意志必须先在每个孩子自身里形成。

在我的第一个学校发生了一件令人惊奇的事，这件事为我们的教学法带来了一个实际的贡献，就是"静默游戏"。有一天，我走进一间孩子十分专注于工作的教室——一些儿童的意志已得到发展。我抱着一个四个月大的婴儿，进了一间有四十五个小朋友的教室。照意大利人的传统习惯，总是将婴儿的双脚紧紧地用衣物包起来，所以婴儿是安静不动的。我把婴孩抱给他们看，并且说："这里有个访客，看他多安静。"于是每个人都变得严肃起来，立刻把双脚并拢，静止不动。我想他们可能还不了解我的意思，所以我继续说："如果你们能感觉到他的呼吸的话，就知道他的呼吸有多轻柔，你们不可能像他一样，因为你们的胸膛比较厚。"现在我想他们该笑了，可是也没有。他们的脚仍然静止不动，甚至也尽量控制他们的呼吸，变得很小声，每个人都很认真地看着我。然后我说："我要静悄悄地走出去，但是这个宝宝会比我更小声。看他多安静，一点也不吵闹。"我把婴儿还给他的母亲，回到小朋友那里，发现他们仍然坐着不动，脸上的表情好像说："看！弄出声音的是你，但是我们可以像小婴儿一样安静。"所有的孩子都殷切地做着同样的事，结果就产生了一个有四十五个孩子，既平和又宁静的教室。大家一定稀奇这是怎么做到的，事实上我的原意是要他们笑。这种平和令人印象深刻，连我也感叹："真是不凡的安静！"孩子似乎也能感受这种境界，继续保持安静，甚至没有喘气声。然后我开始听到从前听不到的声音，譬如时钟的滴答声、室外水龙头的滴水声、苍蝇或蜜蜂的振翅响音等。

这种静默对孩子来说是一个高度喜乐的源头，从此发展成为我们学校的特色之一。由此，可以测出孩子意志的力量，借助这种练习，意志变得更坚强，静默的时间变得更长。不久我们又增加了一项内容，就是以十分轻柔的声音呼唤孩子的名字，在听到呼唤后，孩子要静悄悄地来到前面，其他小朋友则继续保持安静。每个小朋友都尽全力非常小心、慢慢地避免发出任何声音，最后轮到的小朋友还得耐心等待。这些孩子表现得似乎比大多数成人有更多的自制力，这是意志与自制带来的服从。

我带婴儿进教室无意间制造了第一次的静默，但我不能每一次都借助这个访客来重复这个游戏。我发现最好的方法是问他们："你们想不想再创造一次静默？"立刻就会有热烈的回响，我发现我可以发出命令，他们就服从。与一位已经教了十年书的老师的经验相对照，其间颇多有趣的关联。老师发现他发指令之前一定要很小心，譬如"晚上回家前要把东西收拾好！"话还没说完，孩子就开始行动了，类似的事也随着每一个指令，所以他每次说话都觉得责任重大，因为孩子的反应太快了。真正的服从是意志发展的最后成熟阶段，只有意志得到发展才有服从的可能性，所以好老师反而十分小心翼翼地避免以私意利用孩子的服从。一位领导者应该常想到他的责任，而不是他的权威。七岁以后孩子需要这样的领袖，在这之前他们有社会的凝聚力。

所以服从的发展可以追溯三个阶段：

1. 身体上有能力做到。这可能今天服从，明天不服从，不是出于恶意，只是缺乏完全的发展。

2. 自动服从。

3. 最高标准的服从——迫切、热心、快乐的服从，在成人中也少见。

如果孩子因为害怕而执行老师的意志，或是因为感情所迫，那都不是意志。如果服从因着意志的镇压，是一种真正的压迫，一般学校的服从是这样得来的。但培养纪律的策略应该是，发展成熟的意志以获得服从。这是建立在凝聚的社会、组织化社会的前身。

社会的凝聚可比经脉的材料，孩子的人格如同纬脉，二者交织起来条理井然。在我们学校，环境是一个铺陈孩子纬脉的地方，六岁之后，又有其他的脉加进来，使一个个分离的脉更紧密，上上下下把他们组织起来。

一旦他们纺织在一丐，就不再需要支撑。所以我们对于社会胚胎学的自然过程得以洞察。通常我们把社会当作是建立在政府与法律基础上的，从儿童身上我们看见，必须先有意志发展成熟的个体，然后在组织之前，要先号召他们聚集在一起。首先需要借助意志的力量，接着是感情凝聚，最后是意志的凝聚。

家庭与学校老师应同一方向改变

教师不是通过内容，而是通过方法来为自己做准备。总之，应在“品质”方面，而不是“文化”方面与众不同。其中基本的品质就是“观察”能力，这种能力是如此重要，以至于实证科学也将其称之为“观察的科学”，此术语在那些与观察相结合的实验中变成了“实验科学”。

把儿童心理生活的发展当作自然现象和实验反应的可能性，使得学校活动本身成为了研究人的心理发展的科学实验室。也许不久的将来，学校将成为心理学家最出色的实验场所。因此，应尽可能地完善与准备这样的学校，这不仅是为“一种更好的教育儿童的方法做准备”，而且还是在为新兴科学的诞生准备材料。

正如学习自然科学的学生，他们的实验室需要有一个直接为观察所需要的材料进行准备的组织一样。比如，观察一个简单的细胞运动需要一块凹形的玻璃片，中间有盛一滴水的小孔，还需准备浸泡活细胞的“淡溶液”，以保证细胞持续的活力，还需培养细胞的土壤，等等。为此，便有了一些独特的职业，即那些被叫做“准备者”的人，他们不是教授的助手，但一度是高级仆人，以后又成为高级职员。然而在今天，他们几乎都是从事自然科学的研究生。的确，他们从事的工作最为精细，因而必须具备生理、物理、化学方面的知识。对人类研究工作自身的文化知识“准备”得越充分，科学的进步就会越迅速且越有保证。

有人认为，在所有这些自然科学实验室中，只有实验心理学实验室被认为可以无需设置一个为观察对象做准备的组织，这种想法很奇怪。如果要当今的某位心理学家安排其准备者的工作，他会认为这是叫他准备“仪器”，因而或多或少要采用物理实验室的标准。

但科学家还没有形成为产生现象作准备的概念。如果仅观察一个细胞，一个活的微生物，他需要一个“准备者”。如果研究的对象是人，就更需要一个助手！

心理学家们认为，他们能够用一个字抓住实验对象的注意力，并向他们解释为了对实验作出反应，他们应怎样进行。他们通过这些方法准备其“实验对象”。心理学家们还认为，任何偶然闯进实验室的陌生人，都可为他们的实验目的服务。总之，今天的心理学家的行为同捕捉飞行中的蝴蝶的小孩的行为差不多，先是观察一会儿，然后再放它飞去；而留心实验材料的生物学家却不同，他所关心的是要在科学实验室中适当地进行准备。

另一方面，在我们的实验中所显示的心理发展情景虽然不够完全，但仍有必要向儿童描述其自身发育成长的微妙途径，重要的是尊重他的自由，同时也表明了保证其心理现象能够被揭示和形成一个真实的“观察材料”的一些条件。所有这一切都需要一个特殊的环境，需要准备一支有实践经验的工作人员队伍，构成一个在复杂性与组织上比一般自然科学实验室更具有无限优越性的整体。这样的实验室只能是根据科学方法组织起来的最完美的学校，这里的教师最适合当“准备者”，即研究生这样的人。

诚然，所有的学校都不可能实现这个崇高的科学理想。但毫无疑问，所有的学校和教师都应朝着实验科学的方向而努力。儿童心灵的拯救建立在生活方式与生活自由基础之上，这些将成为给予新一代的另一种“自然权力”。同时，它也是作为一种社会和哲学观念而建立的，应该取代当前所谓“教育的义务”，因为这不仅是国家的经济负担，也是后代的精神负担。如果国立学校儿童的心理现象没有表现出丰富的心理学倾向，它们将自行消亡。

实际上，新学校绝不是为科学服务的，而是为当今的人类服务而建立的。教师们因注视到展现在他们眼前的生命感到欣喜，而没有接纳科学上的创新。他们沉浸在一种神圣的自我陶醉之中，他们所见到的一切，正像一切亲密的人之间的联系一样，使他们欣喜、精神振奋。

毫无疑问，由于这种教育方法，教师的准备工作必须以新的方式进行，女教师的个性和社会重要性也将因此而改变。

迄今为止，在做了首次实验之后，一种新型的女教师已逐渐发展起来。如需要学会沉默的能力以取代表达的技能，她必须用观察取代灌输式教学，必须以谦恭取代那种自诩为一贯正确的骄傲感。

当实证科学登上世界舞台时，大学教授也经历了同样的转变。过去的教授与今天的教授有何不同呢？旧时代高贵的教授经常裹在用貂皮装饰的长袍中，像皇帝一样坐在他那高高的椅子上，他的话是那样威严，以至于学生们不仅一定得相信他所说的一切，而且还得以自己的名义向他发誓。今天的教授则让学生坐在高于自己的位置上，自己却站在低于学生的地方，或站在地板上，让学生们都能看到他。学生们都坐着，只他一人站着，就像工人那样穿着灰色的亚麻罩衫。

学生们知道，当他们有能力证实教授的理论、能够推动科学的进一步发展、能够将他们自己的名字同那些曾作出过贡献或发现过新的真理的人并列在一起时，他们就是正朝着更大的进步迈进。

存在于学校中的尊严与等级制度被化学、物理或自然现象所产生的兴趣代替了。由于有了这些兴趣的存在，其他的一切也就不复存在了。实验室的所有安排也是以适合物理、化学、自然现象的实验为目的。如果这个现象的实验需要光亮，所有的墙都将用玻璃做成；如果需要黑暗，实验室可改建成一个照相的暗室。

重要的是现象的产生，不管它是一种臭味或香味；不管它是一个电火花或杰斯伦试管的颜色；不管它是赫尔姆霍兹的反射器的共鸣，或是震动中金属板上微粒的几何图形的排列；不管它是树叶的形状或青蛙肌肉的收缩；也不管它是研究眼睛中的盲点或心脏跳动的节律。一切现象都是同等重要，一切现象都包含在内。渴望和执著的探索是对于真理的探索。新一代的科学不是教授们的演说艺术、高贵的姿态、减轻讲话分量的妙语、精心装饰激昂演说的结束语，以及所有以吸引注意为明确目的的一切。这一切曾发展为一种特殊艺术的手段。当前，与其激起年轻人的注意，不如激发他们对知识的热情，因为大学课堂培养出来的学生经常忘记他们教授的声音和他们的外貌。

但这并不意味着忽略了对教师的尊重和热爱。一个现代学生从心灵深处感到他对面前谦和俭朴的科学家、人类幸福的缔造者所产生的尊重，完全不同于对长袍假发的学者所引起的可笑的恐惧。

现在，学校和教师的改变必须沿着相同的方向。

当学校里的每一件事都围绕着一个基本事实，而这个事实又是一种自然现象时，学校就会步入科学的轨道。这样，教师就必须具有科学所需要的那些必要的特征。

在献身科学的人中，我们发现他们都具有不受思想内容支配的特点。简而言之，物理学家、化学家、天文学家、植物学家、动物学家，虽然他们的知识内容完全不同，但他们都是实证科学的研究者，他们具有和过去的玄学家完全不同的特点，这些特点不仅与研究的内容有关，而且还与科学的方法有关。因而，如果教学法在这些科学中具有它应有的位置，必须在其方法上具有自己的特点。教师不是通过内容，而是通过方法来为自己做准备。

总之，她应在“品质”方面，而不是在“文化”方面与众不同。其中基本的品质就是“观察”能力，这种能力是如此重要，以至于实证科学也称之为“观察的科学”，此术语在那些与观察相结合的实验中变成了“实验科学”。十分明显，为了使一个人能够观察，仅有感觉和知识是不够的，因为观察是一种必须通过实践培养起来的习惯。如果我们让一个未经训练的人用望远镜观察星象，或者详述显微镜下的一个细胞，无论示范者怎样试图用语言来解释应看到些什么，外行也不可能看到的。当那些确信德弗里作出了伟大发现的人们，去他的实验室观察各种各样的月苋草属的微小植物的变种时，他经常徒劳地解释那些细微却是本质的差别，指出一个新的物种实际上处于几乎还没发芽的种子中。众所周知，当一个新的发现公之于众时，很有必要公布一下大致的细节。缺乏专业知识的人不可能理解的这些细节正是这项发现的关键所在，因为他们不能够观察。

观察是需要“训练”的，这是走向科学的必由之路。因为，如果现象不能被看见，就如同它们根本不存在。同时在另一方面，科学家的心灵完全沉浸于对观察体的强烈兴趣之中，他被“训练”得能看见，并开始感兴趣，这样的兴趣正是造就科学家精神的动力。如儿童身上的内部协调就是整个心理协调的凝聚点，因而以教师所观察对象的兴趣为中心，教师完美的新人格就会由此自发形成。

观察品质包括各种各样的细小品质，比如耐心。同科学家相比较，未经训练的人，不仅表现出用裸眼与借助透镜都不可能看见的盲人的特点外，还表现出自已是一个没有耐心的人。

如果天文学家还没有把他的望远镜对准焦距的话，一个外行是不可能有耐心等到他对好的。同时，当一个科学家在完成他的工作时，是不会意识到他所进行的是一个漫长的、需要耐心的过程。外行人则会发怒或不安地想到：“我在这里干什么？我可不能像这样浪费时间。”当显微镜学家希望外行参观时，他们得预备好一长排对好焦距的显微镜，因为他们知道，他们的参观者希望“立即”且“迅速”地看见，同时希望看到“大量东西”。

我们不难想象，一个对实验室工作作出过杰出贡献、在各种组织中担任首席职务，并且有着各种荣誉和尊严的科学家，会温和地答应让一位女士看看显微镜下的一个细胞组织。他会严肃而自若地按如下程序进行，就好像这是世界上最自然的事。事先，他将愉快地切下一片组织上的一小部分，仔细地清洗承物玻璃片和盖东西的玻璃片；他还要清洗显微镜片，作调节准备，对好焦距备用。毫无疑问，在这段时间里，那位女士将会持续说上一百次：“请原谅，教授先生，真的……我有一个约会……我有许多事要做……”当她什么都没有看到时，她会难过地抱怨道：“我浪费了多少时间啊！”实际上，她什么都没做，只是白白地消耗掉了她所有的时间！她所缺乏的不是时间，而是耐心。没有耐心的人不能正确的审度事物，只能意识到他自己的冲动和满足。他完全以自己的活动来计算时间。能够满足他的东西大概就是绝对的空虚、无用和琐碎。这倒不要紧，因为它们的价值在于他的满足；如果他满足了，那就不能说是浪费了时间。但他所不能忍受并且他认为浪费了时间的东西，就是精神紧张、瞬间的自我控制，或一段没有直接结果的等待。

有一句意大利谚语如此说道：徒劳的等待，是一种自杀的行为。这些缺乏耐心的人就像那些爱管闲事的人一样，当需要做真正的工作时，他们总是逃脱掉。

事实上，完美的教育是克服这种态度所必需的。如果我们要使自身与外部世界联系在一起，并欣赏到它的价值，我们就必须把握和控制自己的意志。没有这样的准备，我们将不能对那些从中得出科学结论的微小事物给予适当的重视。

每个人都有进行一项持续不断的工作，并具备准确地加以应用的能力。有些工作表面上看来似乎没有多大意义，实际上对希望在科学上取得成绩的人具有无尚价值。让我们回忆一下，一个物理学家要把一台仪器放置到绝对水平，他是怎样耐心地上第一颗螺丝钉，接着上另一颗。他试了又试，工作既缓慢又仔细。要达到何种程度呢？要达到使其平面处于绝对水平的方向。当这个相对尺度费力地建立起来以后，他还需要小心翼翼地确保温度的波动不致引起哪怕最小的长度改变，因为这对于在标准水平面上仪器的科学使用极其重要。然而，他所做的是一件多么小的事情啊！保持一种标准！

当伟大的化学家希望找出能产生反应的最小量的物质时，他就像小男孩一样，不停地摆弄他的曲颈瓶。他拿起一个曲颈瓶，装满他想要研究的物质，接着又把它倒空，然后又装满水，观察其反应；反应发生后他再次倒空曲颈瓶，装入新的水，再看有无进一步的反应。这样，他就建立起了一个稀释度。在这个稀释度中，物质将留下痕迹。在这种情形下，寻找最小量是很重要的。寻找到这个微妙的、几乎可忽略的最小量，伟人的行为竟像一个孩子。

这种谦恭的态度是耐心的一种要素。在任何场合下，科学家都是谦逊的。从外行来看，他能够走下他的职业宝座而站在一张小桌子前工作，他能够脱下他的长袍子而穿上工装，他能放弃那种宣讲权威性无可辩驳的真理的高位而和学生们一道去发现真理，检验真理。这样，不仅能使学生们学到理论，而且能使他们受到真理的鼓励，去进行自己独立的活动。从所有这一切到他实验室里的工作，他都是谦逊的。他认为，世界上没有不能吸引他的所有力量，小得不需要他全神贯注，以及小得不能占据他所有时间的东西。甚至在大量的社会荣誉面前，他们保持着同样的谦卑态度。对他来说，谦逊才是他真正的荣誉，是他伟大的真正源泉。即使这位科学家可能是一位参议员或是一个国家的部长，一个微生物或一点分泌物，甚至任何东西都会使他感兴趣。辛辛拉提国王的例子无法与现代的科学家相提并论，这些科学家远远超过了他，正是他们的力量拯救了人类，并给人类带来了繁荣与昌盛。

但科学家谦恭的最高形式乃是随时的自我克制。这不仅体现在外表上，而且甚至在精神生活方面，例如抱定的理想、内心产生的信念等，亦是如此。面对真理，科学家们没有任何偏见，他随时准备放弃所有那些自己以前抱有的与真理相悖的观念。渐渐地，他就从错误中净化了自己，使自己的头脑清醒、明澈、坦率，一如真理。

为了真理，他情愿把自己融合进一个崇高的团体之中。

这难道不是为什么婴儿疾病方面的专家，目前的社会地位与权威远远高于一个学校教师的原因吗？然而，儿科专家仅仅在寻求儿童病体方面的真理，但教师则用错误掩饰了儿童的灵魂。

如果教师能在儿童的灵魂中发现真理，那会怎样呢？他将是不可比拟的伟大！为了将自己提到这样的高度，无论如何他必须学会谦虚、自我克制，要有耐心，还要摒弃建立在虚荣心上的骄傲。在此之后，他才可能披上科学家神圣的外衣对人们说，在另一个真正的科学中你们看见了什么？芦苇迎风摇曳？人们身着柔软的衣衫？不，你们看见了先知，但我比先知更先知。我就是那在旷野中呼唤的人，为你们准备了通往上帝的道路，并使之变得平坦。

的确，教师胜过其他科学家，因为科学家永远只能停留在他们所研究的物体外部：电能、化学能、微生物的生命、星球等所有的东西都与科学家本身相距很远。但学校教师的研究对象是人自身，儿童的心理表现形式比起现象方面的兴趣在他身上能唤起更多的东西。他从儿童的心理表现中获得自身内心的揭示，他的情感在与他一样的其他人接触时易于波动。他所研究的是整个人生，而不是部分人生。因而那些美德，比如谦虚和耐心，包括科学家为自己树立的外部目标，都包含在整个灵魂之中。因此，对教师来说，已不再是“科学家的耐心”或“科学家的谦逊”的问题，而是所有的人道德问题。

正如过去把科学家的精神发展压缩在试管之中一样，科学家精神的扩展就像一束穿过望远镜圆筒的光线，像耀眼夺目的太阳在地平线上扩散。那些所谓的道德是我们获得真理的必要手段和实际方法，但科学家在工作中感受的欢乐，必须随着表现在体力、原生物或人的灵魂之中这一真理而变化。一个名称似乎很难适合两种形式。我们立刻明白，在同学校教师相比较时，在某种程度上，科学家必定是一个受限制、枯燥无味的人。虽然他的

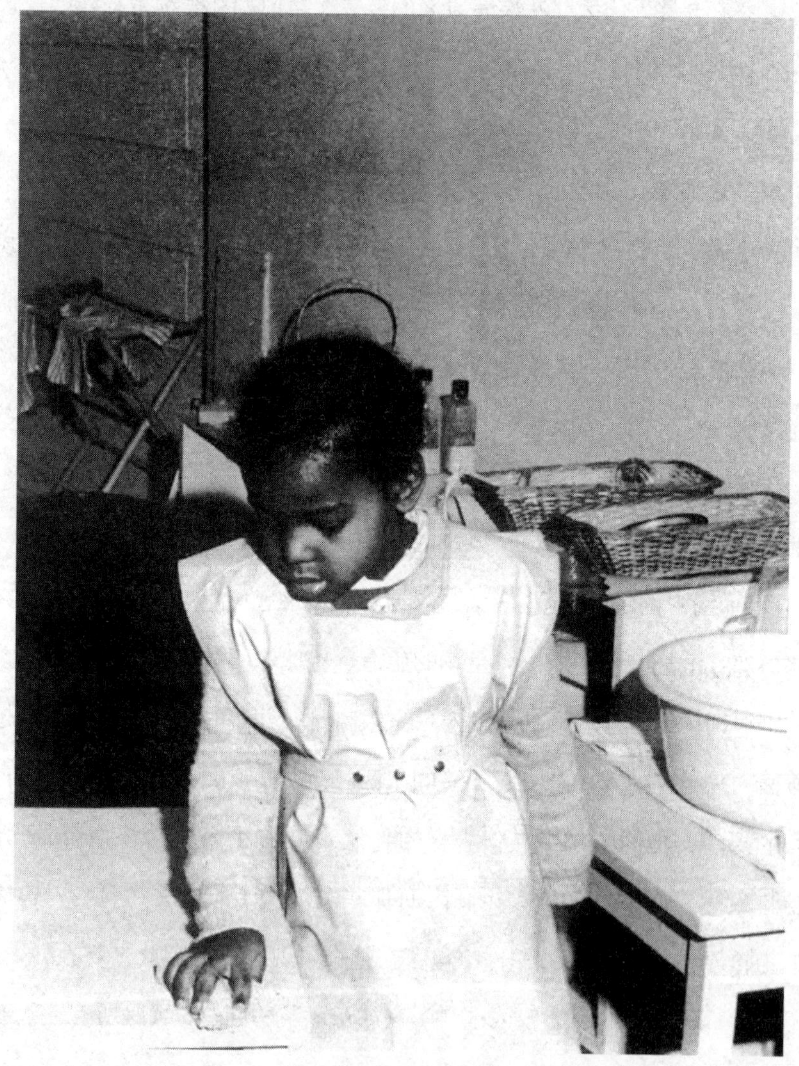

孩子在擦洗桌子

精神与人们一样崇高，但他精神所涉及的范围则限于那些蛮力或低级的生命之中。

只有当学生与其学习的科目能够融合在一起时，人的精神生活与科学家的道德才能相结合。这时，科学才可能成为一种智慧的源泉，真正的实证科学可以使一个人成为有真知灼见的圣贤。在科学家的美德和圣贤的美德之间有一种真正相应的机制，正是通过谦逊和耐心，科学家才接触到物质的本质，也正是通过谦逊和耐心，圣贤才使自己和事物的精神本质发生联系，其结果主要是与人的精神本质发生联系。

科学家的道德性仅体现于和物质界的联系中，而圣贤的美德则包容了一切，他的牺牲和欢乐是无穷无尽的。科学家是他所观察领域的预言家，而圣贤则是精神上的预言家，他能比其他人更清楚地洞察物质世界以及它们的规律，并赋予它们精神价值。

现代科学家知道，每一生物都是奇异非常的，最简单、最原始的生物，最容易揭示自然法则，可以帮助我们解释最复杂的生物。圣弗兰西斯深知这点，“走近点，哦，我的姐妹，”他对靠近他囚窗外的无花果树上唧唧叫的蚱蜢说道：“越是微小的生物，越能完美地表现上帝的力量和仁慈。”

每一细小的东西，都值得科学家的细心关注。他计算组成一只虫爪的关节，知道它最精制的翅膀的脉络；他能发现一般人的眼睛难以察觉到的那一片刻有趣的细节。圣弗兰西斯也观察到了这些细节，但它们唤起了他精神上的欢愉，才引发出一首赞美诗：“谁？是谁给我的这些小而美的脚装饰上健康、灵活的小骨骼，使我能从这一树桠迅速跳到另一树桠，从一细枝蹦到另一细枝？又是谁给予我水晶般旋转的眼睛，能前后看的眼珠，能发现我所有的敌人，有害的鸢、黑色的乌鸦、灰色的鹅？给我的翅膀装饰以精美的金色、绿色、蓝色的彩绢，能反射出天空的颜色和树木的色彩。”

教师的想象力应该像科学家那样精确，其精神应像圣贤那样崇高。科学的准备和神圣情感的准备将形成一个新的灵魂，因为教师的态度应该同时是积极、科学和神圣的。

为什么应是积极和科学的呢？因为她要执行一个“精当”的任务；她要通过细致的观察使自己与真理发生直接的联系，她要去除所有幻想、所有虚幻无用的创造；她应准确地区分真理与谬误。事实上，她应效法科学家，因为科学家能注意到每一物质微粒，每一生命最初的萌芽形式，而且能消除所有感官上的错觉，所有可能在研究真理时引起混淆的杂质与无关物质。要获得这种态度，长期的实践和在生物科学的指导下对生活广泛的观察，是必不可少的。

为什么教师的态度应是神圣的呢？因为只有人才能应用其观察力，还因为她所观察的特殊对象是人，而人的特性是神圣的。

由此，我将依靠科学给予的所有帮助，要求教师观察生物最简单的形式。我将使他们成为显微镜学家，给予他们栽培植物的知识，训练他们观察自己的生理；我将指导他们观察昆虫，使他们能够研究生物学的一般法则。我将不仅使他们关心理论本身，而且还鼓励他们到实验室，到大自然中独立工作。

观察这种复杂计划决不能把儿童生理方面排斥在外。因此，直接、迅速地为更高一级工作做准备应包括儿童身体发育方面的知识，这些知识应该是关于儿童从出生到开始产生心理生活的这一年龄阶段，以及当这种心理生活变得易于处理的那个年龄阶段的知识。在这一点上，我不仅指解剖学、卫生学和生理学的理论课程，而且包括在幼儿之间旨在紧紧遵循他们的发展并预见他们所有的生理需要。一种“实践”，换言之，教师应按照生物科学的方法进行自我准备，她应当像学习自然科学和医学的学生那样，在更深入地进行有关他们特别研究的生活问题以前，即当他们在实验室做初步实验的时候，就以直率、客观的态度步入自然科学和医学学生研究的领域。

同样，我们学校里的那些年轻人，他们在被指定研究庞大而复杂的科学时，首先必须平心静气地准备浸液或进行玫瑰花柄的切片工作，然后，用显微镜进行观察，这样的实验使他感到惊奇，这种惊奇可唤醒意褒并吸引他对生命之谜抱有强烈的热情。这样能使我们那些迄今为止仍习惯于在学校里阅读那些冗长、枯燥无味书籍的人体会到，自然之书正在我们的精神面前敞开，它充满创造和奇迹般的可能性，并对我们潜在、不可名状的渴望作出回答。

这样的书也应是新型教师的教材，这种基础读物将有助于她完成指导婴儿生活的使命。这样的准备会在她的意识中产生一种能够使她发生变化的人生观，能够唤起一种特殊的“活动”和能够充分胜任其工作的“性向”。她应该成为一种神意的“力量”，一种母性的“力量”。

所有这些只是“准备”的一部分。教师不必一开始就像那些注定要观察植物和动物的科学家那样，因为科学家们只满足于如前所说的生态学和生理学所能够提供的东西。教师的使命也不像医治婴儿疾病的医学专家，只满足于病理学那种“调节生理功能”。她必须认识到，那些科学方法是有限的。当她唱着圣歌将脚放在由生命的圣殿上升到精神神龛的凳子上时，她抬头凝望，并感到自己是一位伫立于宏伟的科学圣殿之中的崇拜者的“牧师”，她将观察“人的内心生活”。局限于有机界奇异物质枯燥无味的领域将不能使她满足，她将必须从一切人类宗教和历史的精神成果中吸取营养。艺术、爱情、精神的表现形式是生活所特有的表现形式。这种生活不仅需要她对其进行观察并为其服务，而且也是她“自身的生活”，对她来说，这并不是一个陌生的东西，因而显得冷漠、枯燥无味；但是她和一切人共享的相互依存的社会生活，是唯一真实、人所共有的生活。

科学实验室（教师被引入“观察内在生活现象”的自然领域）应该是学校。在那里自由的儿童在精心设计促进其发展的教材帮助下获得发展。当教师感到自己是受兴趣的强烈驱使而“看到”儿童的精神现象，并体验到一种宁静的快乐和不可遏止的观察欲望时，她就会明白她正“步入正堂”。

由此，她将开始成为一名“教师”。